高等职业教育新能源汽车"1+X"岗课赛证融通系列教材

汽车转向悬架制动安全系统技术

QICHE ZHUANXIANG XUANJIA ZHIDONG ANQUAN
XITONG JISHU

主　编　王志新　孙成宁
副主编　周唤雄　王素梅　王　震
参　编　朱良武　王东旭　赵立杰　豆建芳　魏　斌
主　审　蔺宏良

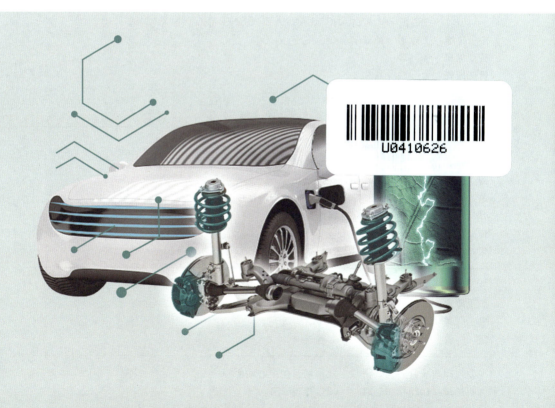

西安交通大学出版社
XI'AN JIAOTONG UNIVERSITY PRESS

图书在版编目(CIP)数据

汽车转向悬架制动安全系统技术 / 王志新，孙成宁主编. — 西安：西安交通大学出版社，2023.2
高等职业教育新能源汽车"1+X"岗课赛证融通系列教材
ISBN 978-7-5693-3235-3

Ⅰ.①汽… Ⅱ.①王… ②孙… Ⅲ.①汽车-转向装置-安全技术-高等职业教育-教材 ②汽车-制动装置-安全技术-高等职业教育-教材 Ⅳ.①U463 ②U461.91

中国国家版本馆 CIP 数据核字(2023)第 088547 号

书　　名	汽车转向悬架制动安全系统技术
	QICHE ZHUANXIANG XUANJIA ZHIDONG ANQUAN XITONG JISHU
主　　编	王志新　孙成宁
策划编辑	杨　瑶
责任编辑	曹　昳　刘艺飞
责任校对	张　欣
封面设计	任加盟
出版发行	西安交通大学出版社
	(西安市兴庆南路1号　邮政编码 710048)
网　　址	http://www.xjtupress.com
电　　话	(029)82668357　82667874(市场营销中心)
	(029)82668315(总编办)
传　　真	(029)82668280
印　　刷	西安五星印刷有限公司
开　　本	787 mm×1092 mm　1/16　印张　21　字数　450千字
版次印次	2023年2月第1版　2023年2月第1次印刷
书　　号	ISBN 978-7-5693-3235-3
定　　价	56.00元

如发现印装质量问题，请与本社市场营销中心联系。
订购热线：(029)82665248　(029)82667874
投稿热线：(029)82668502

版权所有　侵权必究

职业教育新能源汽车"1＋X"岗课赛证融通系列教材编委会

主 任 委 员　杨云峰　陕西交通职业技术学院
副主任委员　蔺宏良　陕西交通职业技术学院
　　　　　　　黄　平　青海交通职业技术学院
　　　　　　　李富香　青海交通职业技术学院
　　　　　　　李维臻　甘肃交通职业技术学院
　　　　　　　王志新　甘肃交通职业技术学院
　　　　　　　王　勇　北京中车行高新技术有限公司
　　　　　　　袁　杰　四川交通职业技术学院
　　　　　　　刘学军　广西交通职业技术学院
委　　　员　贾永峰　陕西交通职业技术学院
　　　　　　　韩　风　青海交通职业技术学院
　　　　　　　蔡月萍　青海交通职业技术学院
　　　　　　　黄晓鹏　陕西交通职业技术学院
　　　　　　　刘　涛　陕西交通职业技术学院
　　　　　　　高　旋　陕西交通职业技术学院
　　　　　　　任春晖　陕西交通职业技术学院
　　　　　　　曹凌霞　北京中车行高新技术有限公司
　　　　　　　付照洪　北京中车行高新技术有限公司

前言

为贯彻落实《关于深化现代职业教育体系建设改革的意见》《关于加强新时代高技能人才队伍建设的意见》《国家职业教育改革实施方案》等文件精神，积极推进"岗课赛证"综合育人，提升汽车服务领域高素质技术技能人才培养水平，陕西交通职业技术学院、青海交通职业技术学院、甘肃交通职业技术学院等院校联合北京中车行高新技术有限公司、丝绸之路职业教育联盟、西安交通大学出版社组织长期从事一线教学的教师和汽车维修专家，共同开发了汽车专业领域"1+X"课证融通系列教材。

在本书的编写过程中，始终以习近平新时代中国特色社会主义思想为指导，深入贯彻党的二十大精神，坚持"为党育人、为国育才"的原则，大力弘扬劳模精神、劳动精神、工匠精神、专业精神、职业精神。教材内容紧密对接"1+X"职业技能等级证书标准，充分体现职教特色，注重"岗课赛证"融通、应知和应会结合、理论和实践结合。为更好地满足教与学的需求，本书采用活页式装帧，文字简洁、图文并茂、通俗易懂。

汽车转向悬架制动安全技术是高等职业院校汽车检测与维修技术、汽车技术服务与营销等专业的核心课程，主要内容包括转向系统检测维修、悬架系统检测维修、制动系统检测维修、安全系统检测维修。本书由甘肃交通职业技术学院王志新、青海交通职业技术学院孙成宁担任主编，甘肃交通职业技术学院周唤雄、王素梅、王震担任副主编，陕西交通职业技术学院蔺宏良担任主审。王志新编写模块三任务 3.1~3.4，孙成宁编写模块二，周唤雄编写模块三任务 3.5~3.7，王素梅编写模块一，王震编写模块四。兰州现代职业技术学院朱良武、酒泉职业技术学院王东旭、兰州装备制造技师学院赵立杰、甘肃工业职业技术学院豆建芳、白银希望职业技术学院魏斌、兰州修好车汽车科技服务有限公司赵东辉协助制订本书编写大纲并提供技术资料，甘肃交通职业技术学院韩秀芹负责本书的核对工作。

编者在本书的编写过程中，参阅了大量的专业书籍与部分汽车品牌的维修手册，在此谨向参考文献中的作者及为本书出版付出辛勤劳动的同志表示衷心的感谢。

由于编者水平有限，书中难免存在不足之处，恳请广大读者批评指正。

编者
2022 年 12 月

目 录

模块一 转向系统检测维修 ……………………………………………………（ 1 ）
 任务 1.1 转向柱和转向器检测维修 ………………………………………（ 3 ）
 任务 1.2 动力转向装置检测维修 …………………………………………（ 21 ）
 任务 1.3 转向传动机构检测维修 …………………………………………（ 37 ）

模块二 悬架系统检测维修 ……………………………………………………（ 53 ）
 任务 2.1 前悬架检测维修 …………………………………………………（ 55 ）
 任务 2.2 后悬架及其他附件检测维修 ……………………………………（ 71 ）
 任务 2.3 车轮定位检测维修 ………………………………………………（ 89 ）
 任务 2.4 车轮和轮胎检测维修 ……………………………………………（ 105 ）

模块三 制动系统检测维修 ……………………………………………………（ 123 ）
 任务 3.1 制动主缸检测维修 ………………………………………………（ 125 ）
 任务 3.2 制动液管路和软管检测维修 ……………………………………（ 137 ）
 任务 3.3 鼓式制动器检测维修 ……………………………………………（ 153 ）
 任务 3.4 盘式制动器检测维修 ……………………………………………（ 183 ）
 任务 3.5 助力装置检测维修 ………………………………………………（ 195 ）
 任务 3.6 驻车制动器检测维修 ……………………………………………（ 207 ）
 任务 3.7 防抱死制动系统检测维修 ………………………………………（ 223 ）

模块四 安全系统检测维修 ……………………………………………………（ 249 ）
 任务 4.1 汽车安全系统检测维修 …………………………………………（ 251 ）
 任务 4.2 防碰撞预警系统检测维修 ………………………………………（ 271 ）
 任务 4.3 车道保持辅助系统检测维修 ……………………………………（ 283 ）
 任务 4.4 防盗系统检测维修 ………………………………………………（ 293 ）
 任务 4.5 巡航控制系统检测维修 …………………………………………（ 313 ）

模块一
转向系统检测维修

任务 1.1

转向柱和转向器检测维修

任务引入

某顾客的迈腾 B8L 轿车最近在转动转向盘时，会有"咕噜咕噜"的异响，经省级技能大师张师傅诊断后，将问题锁定在转向柱和转向器上，需对车辆转向系统的转向柱及转向器进行检修。

学习目标

(1) 掌握转向系统的功用。

(2) 掌握转向系统的分类、组成及工作原理。

(3) 掌握转向柱及转向器的拆装方法。

(4) 掌握转向柱及转向器的检查方法。

(5) 能够对转向系统进行常规检查。

(6) 能够诊断转向柱及组件的故障，分析故障原因。

(7) 能够诊断转向器及组件的故障，分析故障原因。

(8) 能够按照维修手册进行转向柱及转向器的拆卸、装配。

(9) 学一行、干一行、爱一行，勤于钻研，提高检修转向柱及转向器的能力，确保车辆安全。

(10) 向先进模范人物学习，发扬劳模精神，推进汽车工业发展，在全面建设社会主义现代化国家新征程中贡献力量。

知识准备

1.1.1 转向系统概述

1.1.1.1 功用

汽车转向系统的作用是按照驾驶员的意愿来改变或保持车辆的行驶方向。

1.1.1.2 分类、组成及工作原理

1. 分类

转向系统按转向能源的不同分为机械转向系统和动力转向系统两大类。

2. 组成

机械转向系统由转向操纵机构、转向器和转向传动机构三大部分组成,如图1-1所示。

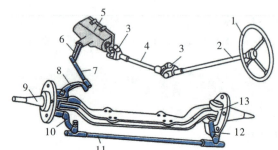

1—转向盘；2—转向轴；3—转向万向节；4—转向传动轴；5—转向器；6—转向摇臂；7—转向直拉杆；8—转向节臂；9—左转向节；10、12—转向梯形臂；11—转向横拉杆；13—右转向节。

图1-1 汽车机械转向系统组成

(1)转向操纵机构由转向盘、转向管柱、转向轴、万向节及转向传动轴等组成,转向操纵机构的功用是将驾驶员操纵转向盘的力传给转向器。

(2)机械转向器有多种类型,轿车上多为齿轮齿条式转向器,其功用是将转向盘的回转运动转换为转向传动机构的往复运动。

(3)转向传动机构的功用是将机械转向器输出的运动传递给转向节臂,转向节臂带动车轮偏转而改变汽车的行驶方向。转向传动机构通常包括转向摇臂、转向直拉杆、转向横拉杆、转向节臂等部件。

3. 工作原理

如图1-1所示,汽车转向时,驾驶员转动转向盘,力矩通过转向轴、转向柱、转向传动轴等输入转向器,经转向器降速增矩后,又经转向摇臂、转向直拉杆、转向横拉杆等带动转向轮偏转,使车辆转向。

1.1.2 转向柱

为了驾驶员的舒适驾驶，转向操纵机构通常可以进行调节，以满足不同驾驶员的需求，常用的可调节式转向柱如图1-2所示。

图1-2 可调节式转向柱

为了防止车辆撞击后对驾驶员造成损伤，部分车辆的转向操纵机构具有一定的安全保护装置。采用的安全式转向柱通过在转向柱上设置能量吸收装置，当汽车紧急制动或发生撞车事故时，吸收装置吸收冲击能量，减轻或防止冲击对驾驶员的伤害。常用的可溃缩式转向柱在发生撞击后转向盘和转向柱都会发生位移，从而减轻对驾驶员的伤害，如图1-3所示。

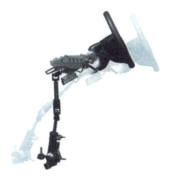

图1-3 可溃缩式转向柱

1.1.3 转向器

转向器是一种减速传动装置，转向器也称转向机，是转向系统的核心部件，其功用是增大转向盘传到转向传动机构上的力并改变力的传递方向。按照传动形式转向器可分为齿轮齿条式、循环球式、蜗杆曲柄指销式。

齿轮齿条式转向器是最常见的一种转向器，主要由转向器壳体、转向齿轮、转向齿条等组成。用螺栓将转向器壳体固定在车身上，只有一级传动，转向齿轮与转向盘柔性相连，转向齿条水平布置。转动转向齿轮，转向齿条沿水平轴向移动，带动左右

转向横拉杆，转向横拉杆带动左右转向节移动，从而使转向轮偏转，实现汽车转向，

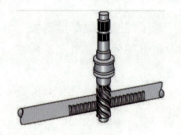

图1-4 齿轮齿条式转向器

如图1-4所示。

循环球式转向器有两级传动副，第一级传动副为螺杆螺母传动副，第二级传动副为齿条-齿扇传动副。循环球式转向器主要由螺母、螺杆、转向器壳体、齿扇、摇臂轴，以及许多小钢球等部件组成，如图1-5所示。

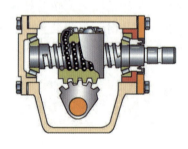

图1-5 循环球式转向器

蜗杆曲柄指销式转向器以转向蜗杆为主动件，其从动件是装在摇臂轴曲柄端部的指销，转向蜗杆转动时，与之啮合的指销即绕摇臂轴轴线沿圆弧运动，并带动摇臂轴转动，如图1-6所示。

图1-6 蜗杆曲柄指销式转向器

1.1.4 迈腾 B8L 轿车转向柱、转向器检查及拆装

1.1.4.1 转向柱的检查及拆装

1. 实车上检查转向柱是否损坏

（1）目检：检查转向柱部件是否损坏。

（2）功能检查：

①检查转向柱是否有卡滞现象或转动困难；

②检查转向柱是否可以在纵向和高度上轻松调节。

注意事项：转向柱只能整套更换，无法进行维修；电子转向柱锁控制单元 J764 可以更换。

2. 拆装过程中所需要的专用工具

专用工具如图 1-7 和图 1-8 所示。

图 1-7　扭矩扳手 V.A.G 1331　　　　图 1-8　扭矩扳手 V.A.G 1332

3. 转向柱的拆卸

1）拆卸前准备

机修工必须释放自身静电（通过触摸接地金属件，例如水管、暖气管、金属支架或举升机等，即可消除人体静电），否则可能会导致电子转向柱锁控制单元 J764 在运行时失灵。

2）拆卸步骤

（1）使车轮位于直线前行位置上。

（2）断开蓄电池接线。

（3）向下拉转向柱侧面的拨杆。

（4）尽可能向下翻转转向柱并将其拔出。

（5）将转向柱侧面的拨杆重新向上推。

（6）拆卸安全气囊单元。

（7）拆卸转向盘。

（8）拆卸上、下部转向柱饰板。

（9）拆卸转向柱开关模块。

（10）拆卸驾驶员侧脚部空间盖板。

（11）拆卸膝部安全气囊。

（12）用一把小螺丝刀脱开凸耳，如图 1-9 所示。

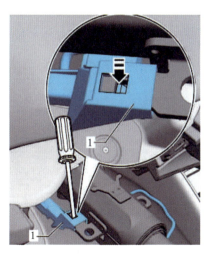

1—凸耳。

图 1-9　用螺丝刀脱开凸耳

(13)向前从钢板接片中拉出电缆导向件。
(14)拧出螺栓并取下膝部安全气囊左侧支架,如图1-10所示。
(15)脱开线束导向件的卡止件、线束支架的卡止件,并从转向柱中取下,如图1-11所示。
(16)将转向柱上的线束置于一旁。
(17)将电子转向柱锁控制单元J764的插头脱开。
(18)从转向柱上脱开线束卡止件并将线束放置一旁,向后翻起地板垫。

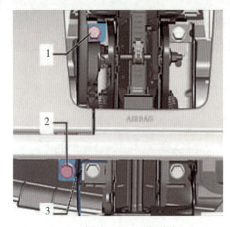

1,2—螺栓;3—左侧支架。

图1-10 取下左侧支架

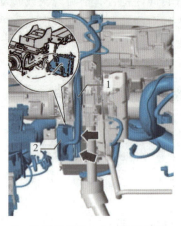

1—线束导向件;2—线束支架。

图1-11 取下转向柱上的线束并置于旁边

(19)拧下十字万向节上的螺栓,然后沿箭头方向脱开十字万向节,如图1-12所示。
(20)拧开转向柱上剩余螺栓并取下膝部安全气囊右侧支架,且固定住转向柱。
(21)向上从凸耳和轴承座中脱开转向柱,接着取下转向柱,如图1-13所示。

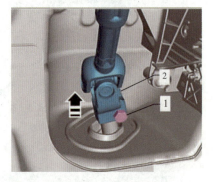

1—螺栓;2—十字万向节。

图1-12 拧开转向柱与转向器的连接螺栓

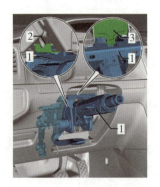

1—转向柱;2—凸耳;3—轴承座。

图1-13 取下转向柱

4. 转向柱的正确处理和运输

(1)用双手分别握住转向柱的上部套管和十字万向节处,如图 1-14 所示。

(2)不允许单手将转向柱拿到传动轴上,如图 1-15 所示。

(3)不允许将万向节弯曲超过 90°,如图 1-16 所示。

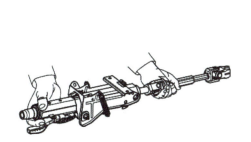

图 1-14 双手拿转向柱

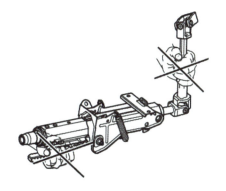

图 1-15 不允许单手将转向柱拿到传动轴上

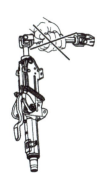

图 1-16 不允许万向节弯曲超过 90°

5. 转向柱的安装

安装按拆卸的倒序进行,装配图如图 1-17 所示。

同时必须注意下列事项:

(1)将转向柱挂入轴承座下部和上部的装配辅助件中,如图 1-18 所示。

(2)转向柱的平面必须放到转向器的平面上,转向器上的开口必须准确地对准固定螺栓的孔,如图 1-19 箭头所示。

(3)用车辆诊断测试器进行转向角传感器 G85 的基本设置。

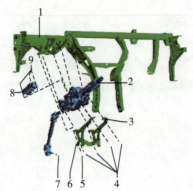

1—仪表板中央管；2—转向柱；3—右支架；4，5，7，9—螺栓；
6—左支架；8—电子转向柱锁控制单元。

图 1-17 转向柱装配图

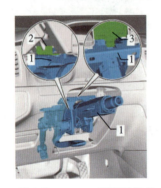 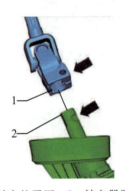

1—转向柱；2，3—装配辅助件。　　　　1—转向柱平面；2—转向器平面。

图 1-18 定位、安装转向柱　　　图 1-19 转向柱下端的十字万向节和转向器连接

1.1.4.2 转向器的拆卸、检修及安装

1. 所需要的专用工具及维修设备

具体如图 1-20~图 1-23 所示。

图 1-20 球形万向节压出器 T10187　　　图 1-21 扭矩扳手 V.A.G 1331

图 1-22　扭矩扳手 V.A.G 1332　　图 1-23　发动机和变速箱举升装置 V.A.G 1383 A

2. 转向器的拆卸

（1）将转向盘转到正前打直位置，关闭点火开关并拔出点火钥匙，以锁止转向盘锁，打开车门。

（2）断开蓄电池接线。

（3）拆卸驾驶员侧仪表板脚部空间盖板，向后翻起地板垫。

（4）拧开万向接头上螺栓，并沿箭头方向脱开，如图 1-24 所示。

（5）脱开车轮螺栓，升高汽车。

（6）拆下车轮。

（7）拆卸下部隔音垫，拧出螺栓，并从副车架上脱开排气装置支架，如图 1-25 所示。

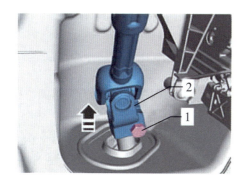
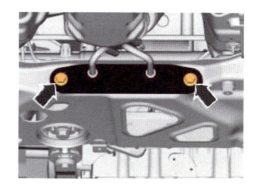

1—螺栓；2—十字万向节。　　　　图 1-25　拧下螺栓并脱开排气装置支架

图 1-24　脱开转向器与转向柱的连接

（8）拧出摆动支承的螺栓。

（9）拧下连接杆左右侧的六角螺母，将左右两侧的连接杆从稳定杆中拉出，如图 1-26 所示。

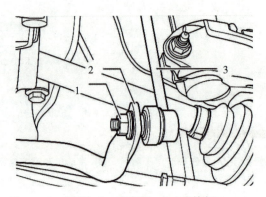

1—螺母；2—稳定杆；3—连接杆。

图 1-26　脱开连接杆与横向稳定杆的连接

(10) 从主销中取出摆臂。

(11) 脱开转向横拉杆头螺母，但不要拧下，用球形万向节压出器压出横拉杆球头并拧下螺母，如图 1-27 所示。

(12) 脱开副车架和转向器上夹住电线束的夹子，以及副车架上的电控机械式转向器 J500 线束固定卡。

(13) 拆卸转向器与副车架的连接螺栓，如图 1-28 所示。

(14) 将发动机和变速箱举升装置 V.A.G 1383A 放到副车架下，并固定副车架，如图 1-29 所示。

(15) 脱开转向器上的插头连接，如图 1-30 所示。

(16) 用发动机和变速箱举升装置降低副车架。

(17) 从副车架上脱开转向器，并向后取出。

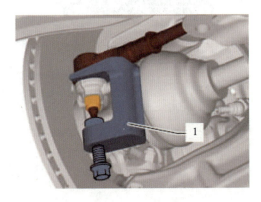

1—球形万向节压出器。

图 1-27　压出横拉杆球头

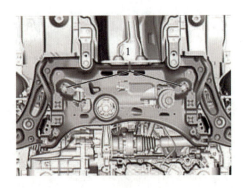

1—螺栓。

1-28　拆卸转向器与副车架的连接螺栓

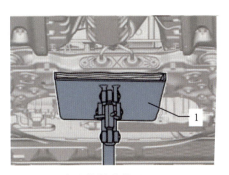

1—发动机和变速箱举升装置 V.A.G 1383A。

图 1-29 固定副车架

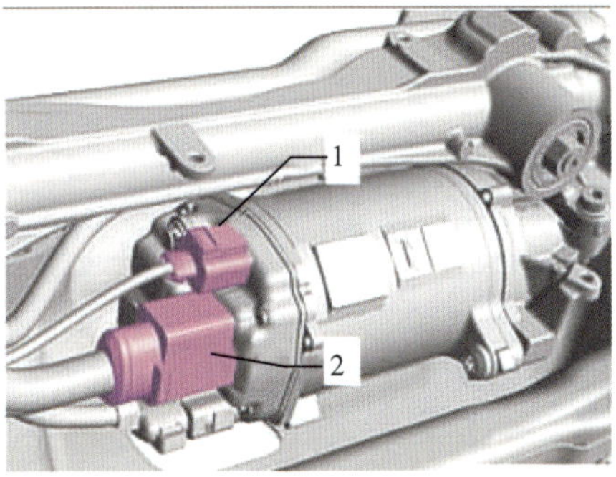

1，2 — 连接插头。

图 1-30 转向器上的连接插头

(18)如图 1-31 所示放置转向器，以免损坏控制单元。

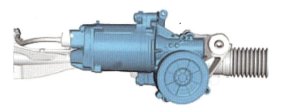

1—转向控制单元。

图 1-31 放置转向器

3. 转向器的检修

(1)转向器出现锈蚀、磨损、损坏、脏污时必须更换。

(2)转向齿条上必须存在润滑膜，如果无润滑膜则必须更换转向器。

(3)转向齿条的直线度误差不得大于 0.3 mm。

4. 转向器的安装

安装按拆卸的倒序进行，装配图如图 1-32 所示。

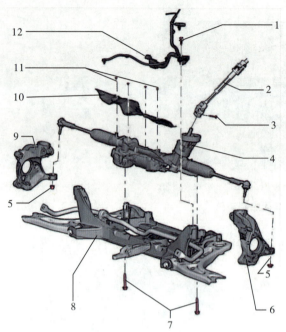

1—膨胀夹；2—转向柱；3,7,11—螺栓；4—转向器；5—螺母；6—左侧车轮轴承罩；
8—副车架；9—右侧车轮轴承罩；10—隔热板；12—线束。

图 1-32　转向器的装配图

1) 注意事项

(1) 转向器螺纹套必须位于副车架上孔内，如图 1-33 所示。

(2) 旋入转向器螺栓并拧紧。

(3) 转向器安装完，蓄电池连接以后，用车辆诊断测试器对转向角传感器 G85 进行基本设置。

(4) 如果安装了一个新的转向器，必须用车辆诊断测试器匹配电控机械式助力转向器。

2) 提示

(1) 在安装转向器前，先在转向器的密封件上涂抹润滑剂，如润滑皂。

(2) 转向器安装后，转向器的密封件应无弯折地紧贴在装配板上，并且正确封住脚部空间的开口，否则会进水或产生噪音。

(3) 注意密封面应干净，不要损坏和扭转密封罩。

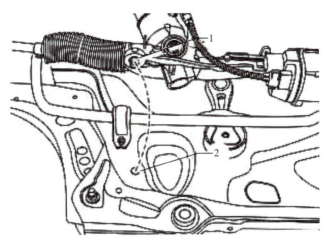

1—螺纹套；2—副车架上孔。

图1-33 转向器螺纹套必须位于副车架孔内

5）转向角传感器

转向角传感器G85是转向器的组成部分，不能单独更换，当转向角传感器G85损坏时，必须更换转向器。

任务实施

1. 作业说明

某顾客的迈腾B8L轿车在打方向时出现异响的问题，可能是转向系统的转向机、转向器故障等原因造成的，需要通过对转向机、转向器进行拆卸、检查和重新装配来消除故障。拆卸安装转向柱是在未拆卸转向器的情况下进行的，拆卸安装转向器是在未拆卸转向柱的情况下进行的。

2. 技术标准与要求

项目	具体内容
转向柱固定螺栓拧紧扭矩	
电子转向柱锁控制单元固定螺栓拧紧扭矩	
转向柱与转向器连接螺栓拧紧扭矩	
转向器与隔热板连接螺栓拧紧扭矩	
转向器与副车架连接螺栓拧紧扭矩	
转向器与车轮轴承罩连接螺栓拧紧扭矩	

注：请学员查阅维修资料后填写

3. **设备器材**

(1) 设备与零件总成。

_____

_____

(2) 常用工具。

_____

_____

(3) 耗材及其他。

_____

_____

注：请学员根据场地使用设备器材填写

4. **作业流程**

(1) 做好安全防护，清洁总成及工具。

(2) 对车辆转向系统进行常规检查。

(3) 拆装转向柱、转向器。

5. 填写考核工单

一、查询并记录车辆及转向系统信息			
车辆型号		生产日期	
行驶里程		故障现象	
查询用户手册，记录转向系统保养项目里程及周期			

二、检查转向系统相关零件		
检查项目	检查结果	
检查转向柱部件是否损坏	是☐	否☐
检查转向柱是否有卡滞现象或转动困难	是☐	否☐
检查转向柱是否可以在纵向和高度上轻松调节	是☐	否☐
检查转向器是否漏油	是☐	否☐

三、拆装步骤及紧固规格（拆卸后需向考官报备）			
转向柱的拆装步骤	____模块__任务____页	转向柱的安装螺栓、转向柱与转向器的连接螺栓、电子转向柱锁控制单元的固定螺栓的扭力规格	
转向器的拆装步骤	____模块__任务____页	转向器与副车架的连接螺栓、转向器与隔热板的连接螺栓的扭力规格	

四、检查转向器		
检查项目	检查结果	
转向器是否出现锈蚀、磨损、损坏	是☐	否☐
齿条上是否有润滑膜	是☐	否☐

汽车转向悬架制动安全系统技术

自我测试

(1) 简述汽车转向系统的功用。

(2) 简述汽车转向器的作用及分类。

(3) 简述转向柱、转向器的拆卸步骤。

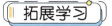

车辆操纵稳定性评价

车辆操纵稳定性主要从两个领域进行评价：稳态操纵特性和瞬态操纵特性。两者的区别在于转向运动输入的频率、制动踏板及油门踏板的输入。稳态输入是指驾驶员的输入状态没有改变，车辆处于平衡的状态，即车辆既没有加速也没有减速，驾驶员对车辆的输入是恒定的。稳态工况主要是定圆试验和直线行驶，稳态操纵的实例包括坡度输入的转向、高速公路上缓慢的加速或减速以保持车速。瞬态输入则是出现在驾驶员对车辆的输入状态发生改变时，瞬态工况主要是阶跃输入、转角谐波输入（中心区）、换道、蛇形等。瞬态操纵的实例包括移线变道、高速公路加速、躲避碰撞等。稳态的良好特性有时可能在瞬态上并不安全或不可接受，比如某车的不足转向效果很大部分来源于侧倾转向，稳态效果会很好，因为反应时间足够，但是瞬态下存在不确定性。

在整车的操纵稳定性评价中，比较常见的关注点包括小的转弯半径、助力性能、不同车速转向力矩、不同车速打方向时的车辆回正性、转向盘摆正、车辆跑偏等情况。

任务 1.2

动力转向装置检测维修

任务引入

某顾客的迈腾 B8L 轿车最近转向时，没有助力，转向盘异常沉重，经省级技能大师杨师傅综合诊断后，将问题锁定在动力转向装置上，需对动力转向装置进行检修。

学习目标

(1) 掌握动力转向系统的分类。
(2) 掌握液压动力转向系统的组成及工作原理。
(3) 掌握电动助力转向系统的组成及工作原理。
(4) 掌握动力转向装置液压过高、过低的故障诊断策略。
(5) 掌握电动助力转向系统故障诊断策略。
(6) 能诊断动力转向装置液压过高、过低的故障，并分析故障原因。
(7) 能够拆装转向助力泵。
(8) 能诊断电动助力转向系统电动机、控制模块、传感器故障，并分析故障原因。
(9) 培养自身的团队精神，不断创新，不断超越，提升动力转向装置检修技能。
(10) 热爱劳动，崇尚科技，做社会主义事业合格的建设者和接班人。

知识准备

1.2.1 动力转向系统概述

动力转向系统是指依靠驾驶员的体力与其他动力合作，并以此作为转向系统能源的转向系统。按传递动力介质的不同，动力转向系统分为气压式、液压式和电动式三种。

气压式动力转向系统主要应用于前轴最大轴载质量为 3～7 t 并采用气压制动系统的货车和客车。装载质量特大的汽车不宜采用气压转向助力装置，因为气压系统的工作压力较低（一般不高于 0.7 MPa），用在重型汽车上时，其部件尺寸将过于庞大。

液压式动力转向系统按液流形式可分为常流式和常压式，按转向控制阀的运动方式又可分为滑阀式和转阀式。液压式动力转向系统部件尺寸小，工作时无噪声，工作滞后时间短，而且能吸收来自不平路面的冲击。因此，液压转向助力装置在各类各级汽车上应用广泛。

电动式动力转向系统是一种直接依靠电动机提供辅助转矩的电动动力转向系统。该系统仅需要控制电动机电流的方向和幅值，不需要复杂的机械、液压机构。而且，该系统利用计算机控制，为转向特性的设置提供了较高的自由度，其应用范围逐渐变广。

1.2.2 液压动力转向系统

1.2.2.1 组成

液压动力转向系统是在普通机械转向系统的基础上增加了一套液压转向助力装置，转向助力装置主要包括转向油罐、转向油泵、转向控制阀和转向动力缸等，如图 1-34、图 1-35 所示。

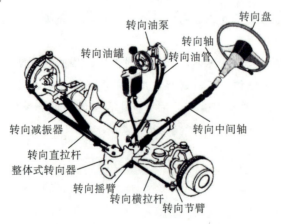

图 1-34 液压动力转向系统的组成

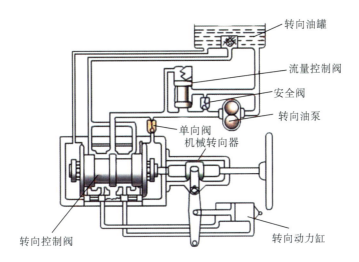

图1-35 常流滑阀式液压动力转向装置结构

1.2.2.2 工作原理

常流滑阀式液压动力转向装置的工作原理如图1-36所示,当汽车直线行驶时,转

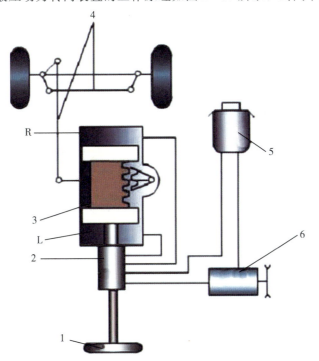

1—转向操纵机构;2—转向控制阀;3—机械转向器与转动动力缸总成;4—转向传动机构;
5—转向油罐;6—转向油泵;R—转向动力缸右腔;L—转向动力缸左腔。

图1-36 常流滑阀式控制装置的工作原理图

向控制阀将转向油泵泵出来的工作液与油罐相通，转向油泵处于卸荷状态，此时动力转向系统没有助力作用，汽车保持直线行驶。

当汽车向右转向行驶时，转向控制阀将转向油泵泵出来的工作液与转向动力缸右腔相通，将转向动力缸左腔与油罐相通，在油压的作用下，活塞向下移动，通过传动结构使左右轮向右偏转，从而实现向右转向。

当汽车向转向左行驶时，转向控制阀将转向油泵泵出来的工作液与转向动力缸左腔相通，将转向动力缸右腔与油罐相通，在油压的作用下，活塞向上移动，通过传动结构使左右轮向左偏转，从而实现向左转向。

1.2.2.3　液压动力转向装置的主要元件及其相关检查维护

液压动力转向装置的主要元件包括转向油泵、动力转向器、转向储油罐及油管等。

1. 转向油泵

转向油泵是液压动力转向系统的动力来源，其功用是将发动机的机械能变为驱动转向动力缸工作的液压能，再由转向动力缸输出的转向力驱动转向车轮转向。转向油泵通常安装在发动机前部，由发动机通过皮带驱动，转向油泵的结构形式有齿轮式、叶片式、柱塞式等，其中，叶片式转向油泵具有结构紧凑、输出压力脉动小、输出量均匀、运转平稳、使用寿命长等优点，在现代汽车上应用较多。

1) 双作用叶片式转向油泵的工作原理

如图1-37所示，当发动机带动油泵顺时针旋转时，叶片在离心力的作用下紧贴在定子的内表面上，工作容积开始由小变大，从吸油口吸进油液，而后工作容积由大变小，压缩油液，经排油口向外供油。再转180°，又完成一次吸压油过程。双作用式叶片泵，有两个工作腔，转子每转一周，每个工作腔都各自吸压油一次。

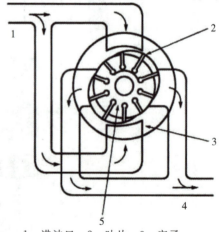

1—进油口；2—叶片；3—定子；
4—排油口；5—转子。

图1-37　双作用式叶片泵工作原理

节流阀、溢流阀的功用及工作原理如图1-38所示。节流阀用以限定转向油泵的最大输出流量。当输出油量过大时，节流孔处油液的流速很高，但该处的压力很小，此压力经横向油道传到节流阀右侧，使节流阀左右两侧的压差增大，在压差的作用下，节流阀压缩弹簧右移，使进油道和出油道相通，部分油液在泵内循环流动，减少了出油量。溢流阀用以限定转向油泵输出油液的最高压力，又叫安全阀。当输出压力过高时，这个压力传到溢流阀右侧，使溢流阀弹簧左移开启，高压油流回进油腔，降低了输出油压。当这两个阀出现弹簧过软、折断或不密封时，会导致油泵油压和流量不足而出现故障。

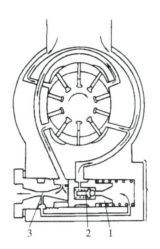

1—节流阀活塞(节流阀); 2—溢流阀; 3—节流孔。

图 1-38 双作用卸荷式叶片泵机构、原理示意图

转向助力泵是转向助力系统的核心元件,如果转向助力泵损坏,就会出现转向沉重或转向无助力等现象。转向助力泵损坏多是由内部元件磨损引起的,这时就需要对转向助力泵进行更换。更换完成后,还应更换转向助力油。

2) 检查皮带张紧力

转向油泵在使用中通常每行驶 15 000 km 就应检查一次驱动皮带的张紧力,必要时进行更换。

检查皮带张紧力的方法:

(1) 将汽车停在干燥的路面上,运转发动机使油液上升到正常温度,左右转动转向盘至最大位置,此时传动带负荷最大,如果皮带打滑,说明皮带张紧度不够应进行调整处理。

(2) 关闭发动机,用手以约 100 N 的力从皮带的中间位置按下,皮带应有约 10 mm 的挠度为合适,否则必须调整;或者用手扳动传动带中间位置,应可扳动至 90°,如可扳动角度小于 90°,说明传动带过紧,如大于 90°,说明张紧度不够,都需要调整处理。

3) 转向油泵压力的检查

(1) 将量程为 15 MPa 的压力表和节流阀串接到转向油泵和转向控制阀之间的管路中,如图 1-39 所示。

(2) 启动发动机,如果需要,向转向油罐中补充自动变速器油(automatic transmission fluid,ATF)。

(3) 发动机怠速运转,转动转向盘数次。

(4) 急速关闭节流阀(不超过 5~10 s),并读出压力数,查对应车辆的维修手册,

若压力足够,说明转向油泵正常。

(5)加果没有达到额定值,就应检查压力和流量限制阀是否完好。如不正常就应更换压力和流量阀或更换转向油泵。

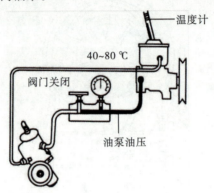

图1-39 转向油泵压力检查

2. 动力转向器

目前整体式动力转向系统比较普遍,即转向控制阀、转向动力缸和转向器合为一体,形成整体式动力转向器。

3. 转向储油罐

转向储油罐的功用是储存、滤清、冷却动力转向系统的工作油液,其表面有用不同方式表示的液面高度要求。如果液面高度太低,将使动力转向系统渗入空气,造成汽车转向操作不稳,忽轻忽重或有噪声。

油液的检查包括液面高度和油液质量两方面的检查。

液面高度应位于储液壶上或储液壶盖上的刻度 MAX 值与 MIN 值之间,超出或缺少都需要进行调整;与新的转向助力油进行对比,如发现油液变稀、变稠或颜色变黑,说明油液已经变质需要更换,更换完新的油液后,应进行排气。

1.2.2.4 液压动力转向系统的故障诊断

1. 转向沉重

1)故障现象

装有液压动力转向系统的汽车,在行驶中突然感到转向沉重。

2)故障原因

一般是由液压转向动力系统失效或助力不足所造成的,其根本原因为液压不足。引起转向系统油压不足的主要原因为:

(1)转向油罐油液高度低于规定要求。

(2)液压回路中渗入了空气。

(3)油泵驱动皮带过松或打滑。

(4)各油管接头处密封不良,有泄漏现象。

(5)油路堵塞或滤清器污物太多。

(6)油泵磨损、内部泄漏严重。

(7)油泵安全阀、节流阀泄漏,弹簧弹力减弱或调整不当。

(8)动力缸或转向控制阀密封损坏。

3)诊断与排除

(1)检查油泵驱动皮带的张紧度,若不符合规定,应调整。

(2)检查转向油罐内的液面高度及油液质量,若不符合规定,按规定处理。

(3)检查转向油罐内的滤清器是否过脏,若是,应清洗;检查滤网是否破损,若是,应更换。

(4)检查油路中是否渗入空气,如果发现油罐中的油液有气泡,则说明油路中有空气渗入,应检查各油管接头和接合面的螺栓是否松动,各密封件是否损坏,有无泄漏现象,油管是否破裂等。对于出现故障的部位应进行修整和更换,并进行排气操作,最后重新加入油液。

(5)检查各油管接头等处有无泄漏,油路中是否有堵塞,查明故障后按规定力矩拧紧有关接头或清除污物。

(6)对转向油泵进行输出油压检查,如果油泵输出压力不足,则说明油泵有故障,此时应分解油泵,检查油泵是否磨损或内部泄漏是否严重,安全阀、节流阀是否泄漏或卡滞,弹簧弹力是否减弱或调整不当,各轴承是否烧结或严重磨损等。对于叶片泵还应检查转子上的密封环或油封是否损坏,对于齿轮泵应检查齿轮间隙是否过大等,查明故障后予以修理,必要时更换油泵。

2. 异响

1)故障现象

汽车转向时,转向系统有过大的异响,并影响汽车的转向性能。

2)故障原因

(1)转向油罐中液面太低,油泵在工作时容易吸入空气。

(2)液压系统中渗入空气。

(3)油罐滤网堵塞,或液压回路中有过多的沉积物。

(4)油管接头松动或油管破裂。

(5)油泵严重磨损或损坏。

(6)转向控制阀性能不良。

3)诊断与排除

(1)当转向盘处于极限位置或原地慢慢转动转向盘时转向器发出"嘶嘶"声时,如果这种异响严重，则可能是转向控制阀性能不良，应更换转向控制阀。

（2）当转向油泵发出"嘶嘶"声或尖叫声时，应检查皮带是否打滑，然后检查是否由于泄露造成液面高度降低或者有空气侵入，若不是前两者，则说明油路有堵塞，或油泵严重磨损及损坏，应及时修复或更换。

3. 左右转向轻重不同

1）故障现象

汽车行驶时，向左和向右转向操纵力不相等。

2）故障原因

（1）转向控制阀阀芯偏离中间位置，或虽然在中间位置但与阀体槽肩的缝隙大小不一致。

（2）控制阀内有污物阻滞，使左右转动阻力不同。

（3）液压系统中动力缸的某一油腔渗入空气。

（4）油路漏损。

3）诊断与排除

这种故障多是油液脏污所致，应按规定更换新油后再进行检查。

（1）如果油质良好或更换新油后故障没有消除，应对液压系统进行排气并检查系统有无油液泄漏，液压系统中出现泄漏时，应更换泄漏部位的零部件。

（2）如果故障仍不能排除，则可能是控制阀定中不良造成的。滑阀式控制阀可在动力转向器外部进行排除，通过改变转向控制阀体的位置来实现。如果滑阀位置调整后仍不见好转，应拆检滑阀测量其尺寸，若偏差较大，应更换滑阀；对于转阀式控制阀必须通过分解检查来排除故障。

4. 直线行驶时转向盘发飘或跑偏

1）故障现象

汽车直线行驶时，难以保持正前方向而总偏向一边。

2）故障原因

（1）转向控制阀回位弹簧折断或变软，使转向控制阀不能及时回位。

（2）转向控制阀调芯偏离中间位置，或虽在中间位置但与阀体槽肩的缝隙大小不一致。

（3）流量控制阀卡滞使油泵流量过大或油压管路布置不合理，造成油压系统管路节流损失过大，使动力缸左右腔压力差过大。

3）诊断与排除

（1）首先检查油液是否脏污。对于新车或大修以后的车辆，不认真执行磨合期换油规定，使油液脏污。

（2）对于使用较久的车辆，则可能是流量控制阀或转向控制阀回位弹簧失效所致，此时可在不启动发动机的情况下转动转向盘，凭手感判断控制阀是否开启运动自如，若有问题一般应拆卸检查。

（3）最后检查转向油泵流量控制阀是否卡滞和油压管路布置是否合理，发现故障后予以修理。

5. 转向时转向盘发抖

1）故障现象

发动机工作时转向，尤其是在原地转向时转向盘抖动。

2）故障原因

（1）油罐液面低。

（2）油路中渗入空气。

（3）转向油泵驱动皮带打滑。

（4）转向油泵输出压力不足。

（5）转向油泵流量控制阀卡滞。

3）诊断与排除

（1）首先检查油罐液面是否符合规定，否则按要求加注转向油液。

（2）排放油路中渗入的空气。

（3）检查转向油泵驱动皮带是否打滑，若是，应调整。

（4）对转向油泵输出压力进行检查，压力不足时应分解油泵。

1.2.3　电动助力转向系统

普通动力转向系统的助力特性是不变的，且与车速无关，这会导致停车及低速时，转向盘操纵沉重，中速时较轻快，当车速增快时更加轻快。如果考虑停车及低速时的轻便性，就会使高速时的操纵力过小，路感下降，易出现转向过度。反之会使停车及低速时操纵力过大，转向沉重，效率下降。为了实现在各种行驶条件下转向盘上所需要的力都是最佳值，必须采用更先进的电动助力转向系统（electronic power steering，EPS）。

电动助力转向系统可根据车速、转向情况等对转向助力实施控制，使动力转向系统在不同的行驶条件下都有最佳的放大倍率。电动助力转向系统可分为液压式电动助力转向系统和电动式电动助力转向系统。在此，重点介绍电动式电动助力转向系统。

1.2.4　电动式电动助力转向系统

以迈腾 B8L 为例介绍电动式电动助力转向系统。

1. 组成

电动式 EPS 在机械转向结构的基础上，增加了电动式助力机构和电子控制系统。

该系统通常由转向扭矩传感器、转向角传感器、电子控制单元（electronic control unit，ECU）、电动机等组成，如图1-40所示。

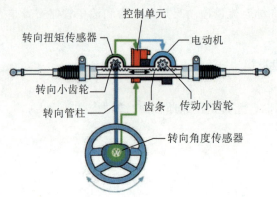

图1-40 电动式电控动力转向系统的组成

2. 主要部件结构及工作原理

1）转矩传感器

转矩传感器也称转向传感器，其作用是测定转向盘与转向器之间的相对转矩，将其作为电动助力的依据之一，如图1-41所示。

图1-41 转矩传感器外形图

图1-42为无触点式转矩传感器的结构及工作原理图。在输出轴的极靴上分别绕有A、B、C、D四个线圈，转向盘处于中间位置（直驶）时，扭力杆的纵向对称面正好处于图中输出轴极靴A、C与B、D的对称面上。当在U、T两端加上连续的输入脉冲电压信号U_i时，由于通过每个极靴的磁通量相等，所以在V、W两端检测到的输出电压信号$U_0=0$。转向时，由于扭力杆和输出轴极靴之间发生相对扭转变形，极靴A、D之间的磁阻增加，B、C之间的磁阻减少，各个极靴的磁通量发生变化，于是在V、W之间就出现了电位差。其电位差与扭力杆的扭转角θ和输入电压U_i成正比，所以通过测量V、W两端的电位差就可以测量出扭力杆的扭转角，由此就得到了转向盘施加的转矩。

图1-43为滑动可变电阻式转矩传感器的结构。它将负载力矩引起的扭力杆角位移转换为电位器电阻的变化，并经滑环传递出来作为转矩信号。

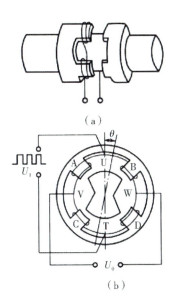

图 1-42 转矩传感器的结构与原理图

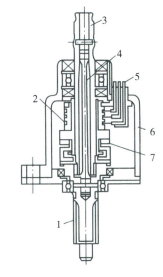

1—小齿轮；2—滑环；3—轴；4—扭矩；
5—输出端；6—外壳；7—电位计。

图 1-43 滑动可变电阻式转矩传感器的结构

2）电动机

转向助力电动机一般是永磁电动机，其输出转矩是通过控制其输入电流来实现的，而电动机的正转和反转则是由电子控制单元输出的正反转触发脉冲控制的。

图 1-44 为一种比较简单实用的正反转控制电路，a_1、a_2 为触发信号端。从 ECU 得到的直流信号输入 a_1、a_2 端，用以触发电动机产生正反转。当 a_1 端得到输入信号时，晶体管 VT_3 导通，VT_2 得到基极电流而导通，电流经 VT_2 的发射极和集电极、电动机 M、VT_3 的集电极及发射极搭铁，电动机有正向电流通过而正转；当 a_2 端得到输入信号时，晶体管 VT_4 导通，VT_1 得到基极电流而导通，电流经过 VT_1 的发射极和集电极、电动机 M、VT_4 的集电极及发射极搭铁，电动机有反向电流通过而反转。控制触发信号端的电流大小，就可以控制电动机通过电流的大小。

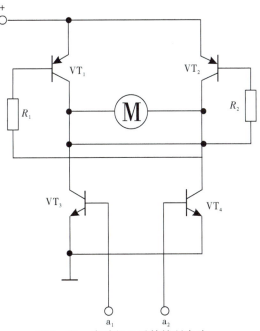

图 1-44 电动机正反转控制电路

3)电动式电控动力转向系统的控制系统(图1-45)

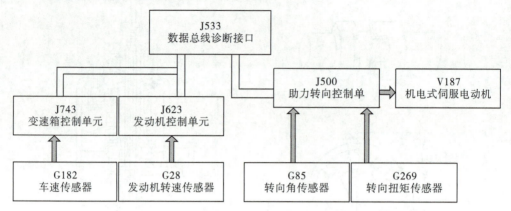

图1-45 电动式电控动力转向系统的控制系统

当操纵转向盘时,装在转向器上的转向扭矩传感器G269不断测出转向轴上的转矩,转向角传感器G85测出转向盘旋转的角度,并由此分别产生一个电压信号,这些信号输入助力转向控制单元J500。与此同时,车速传感器G182把车速信息以电压信号的形式输入变速箱控制单元J743,发动机转速传感器G28把曲轴转速信息输入发动机控制单元J623,J623和J743通过控制器局域网总线(controller area network,CAN)传输给数据总线诊断接口J533,J533传输给助力转向控制单元J500,助力转向控制单元J500根据这些输入信号进行运算处理,分析确定助力转矩的大小和转向,并指令机电式伺服电动机V187做出相应的动作,电动机V187带动小齿轮与齿轮齿条转向器中的齿条啮合,使之得到一个与工况相适应的转向作用力。

其中,随着车速的升高,助力转向控制单元J500相应地控制降低助力电动机电流,以减少助力转矩。当速度达到一定值时,电动机停止工作,这时就没有转向助力的作用。在此系统中,发动机转速信号也被送入助力转向控制单元,这是因为在发动机怠速时,转向动力系统要有助力作用,J623必须控制发动机处于高怠速工作状态。

任务实施

1. 作业说明

当汽车转向时,出现没有助力、转向盘异常沉重的情况,对于液压助力汽车,有可能是液压回路渗入空气、油泵皮带过松或打滑、管接头密封不良有泄露、油泵磨损、油泵安全阀流量控制阀泄露、液压阀弹簧弹力减弱或调整不当等因素引起的;对于电动电控助力汽车,有可能是动力助力装置中某元件或是控制单元出现故障造成的。应根据实际情况逐一检查。

2. 技术标准与要求

项目	具体内容
转矩传感器电阻值	
车速传感器电阻值	

注：请学员查阅维修资料后填写。

3. 设备器材

(1)设备与零件总成。

_____

_____

(2)常用工具。

_____

_____

(3)耗材及其他。

_____

_____

注：请学员根据场地实际设备器材填写。

4. 作业流程

(1)做好安全防护，清洁总成及工具。

(2)检查动力助力系统各元件及电源线路。

(3)检查系统通信线路。

5. 填写考核工单

一、查询并记录车辆及转向系统信息			
车辆型号		生产日期	
行驶里程		故障现象	

二、找出该车的 EPS 系统，描述各个传感器的安装位置

三、描述执行元件的安装位置

四、描述下面操作时的相关变化

操作描述	系统运行描述	相关数据记录

五、分析上面四项操作对系统运行的影响。	

自我测试

(1) 简述电动式电控动力转向系统的组成。

（2）简述电动式电控动力转向系统的工作原理。

（3）简述电动机正反转的工作原理。

汽车转向悬架制动安全系统技术

拓展学习

线控转向

　　汽车电子电器技术与控制技术的进一步发展为我们指明了未来汽车的发展方向——汽车电子化。基于此，有人大胆地做出尝试，将汽车的一些机械传动装置换为电子装置，以实现汽车转向的完全电动化——线控转向(steering by wire，SBW)。

　　装备了SBW的汽车由于转向系统没有了机械结构的限制，可以实现极其精准的转向，从而使汽车操纵的稳定性得到了大幅度提升。不仅如此，机械结构的消除进一步精简了汽车的外形，实现了汽车的轻量化，无形中也使车内空间得到了扩充，汽车可以在内部搭载更多安全装置或者应用娱乐装置，使汽车的安全性、实用性大大提升。

　　此外，SBW可以通过CAN总线连接到ECU上，与其他汽车电子电器设备协同作用，可以实现自动驾驶、自动停车等功能，促进了"车-路-人"一体化进程，为智能无人驾驶汽车的到来创造了先决条件。

任务 1.3

转向传动机构检测维修

任务引入

某顾客的迈腾 B8L 轿车在低速行驶时,感到方向不稳,发生前轮摆振。经省级技能大师张师傅诊断后,将问题锁定在转向传动机构上,需对车辆转向传动机构进行检修。

学习目标

(1)掌握转向传动机构的功用。
(2)掌握转向传动机构的组成及结构布置。
(3)掌握转向传动机构的拆装和检修方法。
(4)能够对转向传动机构进行常规检查。
(5)能够对转向传动机构进行拆装和检修。
(6)培养友好合作、团结互助的职业素养。
(7)团结奋进,苦干实干,创造新时代美好生活,在建设汽车强国的征程中贡献力量。

知识准备

1.3.1 汽车转向系统传动机构概述

1.3.1.1 功用

转向传动机构是指从转向器到转向轮之间的一系列组件,其作用是将转向器输出的运动和动力传给左右转向轮,使转向轮偏转而改变汽车的行驶方向,并保证左右转向轮的偏转角按一定关系变化,如图1-46所示。

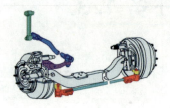

图1-46 汽车转向传动机构

1.3.1.2 分类和组成

根据汽车转向桥采用悬架的不同,转向传动机构可分为与非独立悬架配用的转向传动机构和与独立悬架配用的转向传动机构两大类。

1. 与非独立悬架配用的转向传动机构

与非独立悬架配用的转向传动机构,一般由转向摇臂、转向直拉杆、转向节臂、两个转向梯形臂和转向横拉杆等组成。各杆件之间都采用球形铰链连接,并设有防止松动、缓冲吸振、自动消除因磨损产生的间隙等的结构。

当前桥仅为转向桥时,由左、右梯形臂和转向横拉杆组成的转向梯形机构一般布置在前桥之后,如图1-47(a)所示,称为后置式。这种布置形式简单方便,且后置的转向横拉杆有前面的车桥做保护,可避免直接与路面障碍物相碰撞而损坏。当发动机位置较低或前桥为转向驱动桥时,往往将转向梯形机构布置在前桥之前,如图1-47(b)所示,称为前置式。若转向摇臂不是在汽车纵向平面内前后摆动而是在与路面平行的平面内左右摆动,则可将转向直拉杆横向布置,并借助球头销直接带动转向横拉杆,从而推动左右梯形臂转动,如图1-47(c)所示。

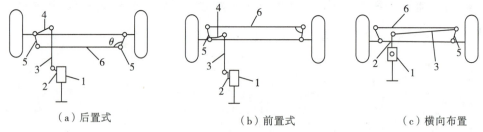

(a) 后置式　　　　　　　(b) 前置式　　　　　　　(c) 横向布置

1—转向器;2—转向摇臂;3—转向直拉杆;4—转向节臂;5—转向梯形臂;6—转向横拉杆。

图1-47 与非独立悬架配用的转向传动机构

1)转向摇臂

图1-48为常见转向摇臂的结构形式,其大端具有三角细花键锥形孔,用以与转向摇臂轴外端相连接,并用螺母固定;其小端带有球头销,以便与转向直拉杆做空间铰链连接。转向摇臂安装后从中间位置向两边摆动的角度应大致相等,故在把转向摇臂安装到摇臂轴上时,二者相应的角位置应正确。为此,常在摇臂大孔外端面上和摇臂轴的外端面上各刻有短线,或是在二者的花键部分上都少铣一个齿,作为装配标记,装配时应将标记对齐。

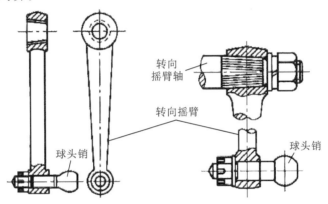

图1-48 常见转向摇臂结构形式

2)转向直拉杆(图1-49)

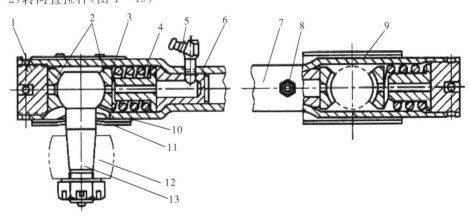

1—端部螺塞;2—球头座;3—压缩弹簧;4—弹簧座;5,8—油嘴;6—螺塞;
7—直拉杆体;9—转向节臂球头销;10—油封垫;11—油封垫护套;12—转向摇臂;13—球头销。

图1-49 转向直拉杆

转向直拉杆体由两端扩大的钢管制成,在扩大的端部里装有由球头销、球头座、弹簧座、压缩弹簧和螺塞等组成的球铰链。球头销的锥形部分与转向摇臂连接,并用螺母固定;其球头部分的两侧与两个球头座配合,前球头座靠在端部螺塞上,后球头座在弹簧的作用下压靠在球头上,这样,两个球头座就将球头紧紧夹持住。为保证球头与座的润滑,可从油嘴注入润滑脂。拆装时供球头出入的直拉杆体上的孔口用油封垫的护套盖住,以防润滑脂流出和污物侵入。

3)转向横拉杆及横拉杆接头

如图1-50(a)所示,转向横拉杆由横拉杆体和旋转在两端的横拉杆接头组成。横拉杆体用钢管制成,其两端切有螺纹,一端为右旋,一端为左旋,与横拉杆接头连接。两端接头结构相同,如图1-50(b)所示。接头的螺纹孔壁上开有轴向切口,故具有弹性,旋装到杆体上后可用螺栓夹紧。旋松夹紧螺栓以后,转动横拉杆体,可改变转向横拉杆的总长度,从而调整转向轮前束。在横拉杆两端的接头上都装有球头销等零件组成的球形铰链。球头销的球头部分被夹在上、下球头座内,球头座用聚甲醛制成,有较好的耐磨性,如图1-50(c)所示。装配时上、下球头座的凹凸部分互相嵌合。弹簧通过弹簧座压向球头座,以保证两球头座与球头的紧密接触,在球头和球头座磨损时能自动消除间隙,同时还起缓冲作用。弹簧的预紧力由螺塞调整。球铰链部位有防尘罩,以防止尘土侵入。球头销的尾部锥形柱与转向梯形臂连接,并用螺母固定后插入开口销将螺母锁紧。

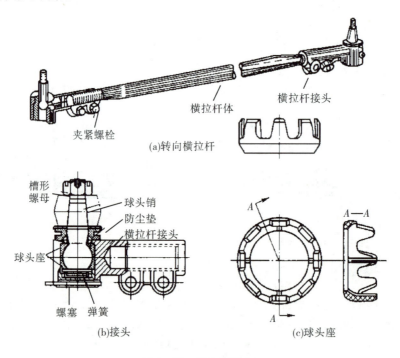

图1-50 转向横拉杆

4)转向节臂和梯形臂

如图1-51所示,转向直拉杆通过转向节臂与转向节相连,转向横拉杆两端经左右梯形臂与转向节相连。转向节臂和梯形臂带锥形柱的一端与转向节锥形孔相配合,用螺母紧固后插入开口销将螺母锁住。转向节臂和梯形臂的另一端带有锥形孔,与相应拉杆的球头销锥形柱相配合,同样用螺母紧固后插入开口销将螺母锁住。

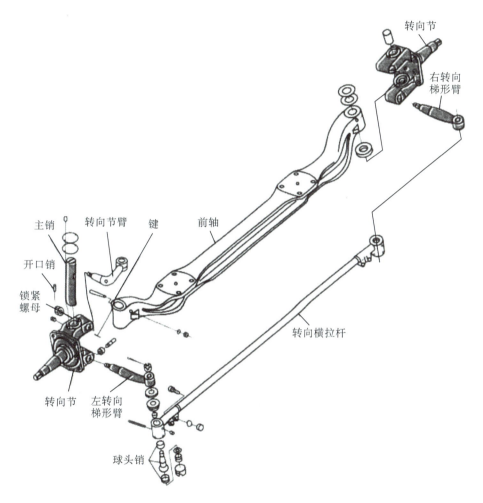

图1-51 转向节臂和梯形臂

2. 与独立悬架配用的转向传动机构

当转向轮采用独立悬架时,由于每个转向轮都需要相对于车架(或车身)做独立运动,所以转向桥必须是断开式的。与此相应,转向传动机构中的转向梯形也必须分为两段或三段,转向摇臂在平行于路面的平面中左右摆动,传递力和运动。图1-52为几种独立悬架配用的转向传动机构示意图。其中如图1-52(a)(b)所示的机构与循环球式转向器配用,如图1-52(c)(d)所示的机构与齿轮齿条式转向器配用。

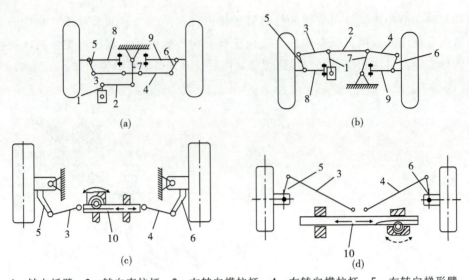

1—转向摇臂；2—转向直拉杆；3—左转向横拉杆；4—右转向横拉杆；5—左转向梯形臂；
6—右转向梯形臂；7—摇杆；8—悬架左摆臂；9—悬架右摆臂；10—齿轮齿条式转向器。

图 1-52 与独立悬架配用的转向传动机构

为了避免转向轮的摆振，减缓传至转向盘上的冲击和振动，部分车辆转向系统上还装有转向减振器。

迈腾 B8L 轿车的转向传动机构如图 1-53 所示。齿轮齿条式转向器的齿条两端输

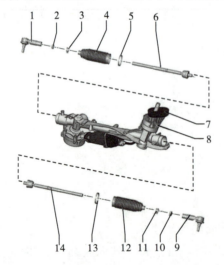

1—右侧转向横拉杆球头；2，10—螺母；3，5，11，13—卡箍；4，12—橡胶防尘套；
6，14—转向横拉杆；7—密封罩；8—转向器；9—左侧转向横拉杆球头。

图 1-53 迈腾 B8L 轿车转向器与转向横拉杆

出动力，两端分别与转向横拉杆连接，左右横拉杆外端螺杆分别用螺母与左右两侧的

横拉杆球头连接，通过调节横拉杆与横拉杆球头的连接螺母可以改变两个横拉杆总成的长度，调整前束。

1.3.2 迈腾 B8L 轿车转向传动机构的拆装及检修

1.3.2.1 拆装工具

拆装工具如图 1-54～图 1-59 所示。

图 1-54　软管卡箍钳 V.A.S 6340

图 1-55　扭矩扳手 V.A.G 1332

图 1-56　扳手头 SW 24V.A.G 1332/9

图 1-57　卡箍钳 V.A.G 1275A

图 1-58　球形万向节压出器 T10187

图 1-59　扳手头 SW 24 V.A.G 1332/9

1.3.2.2 拆卸和安装橡胶防尘套

1. 拆卸

(1)将转向盘旋转到正前打直位置。

(2)脱开车轮螺栓，升高汽车。

(3)拆下车轮。

(4)标记转向横拉杆上螺母的位置，如图 1-60 所示。

(5)拆卸转向横拉杆头。

(6)清洁橡胶防尘套区域内的转向器外部，此时，不要让污渍通过损坏的橡胶防尘套进入转向器。

(7)打开卡箍,从转向器壳体和转向横拉杆上脱开橡胶防尘套。

图1-60 标记螺母的位置

2. 安装

(1)将转向盘旋转到正前打直位置。

(2)将新的卡箍和橡胶防尘套安装在转向横拉杆上。

(3)用维修套件中的润滑脂稍稍润滑连接转向横拉杆的橡胶防尘套的密封表面。

(4)如图1-61所示,将防尘套推至转向横拉杆上。

(5)用软管卡箍钳V.A.S 6340将弹簧卡箍固定在橡胶防尘套上。

(6)用维修套件中的润滑脂稍稍润滑连接到转向器壳体的橡胶防尘套的密封表面。

(7)将橡胶防尘套推到转向器壳体上,至限位位置,用卡箍钳V.A.G 1275A从上部夹紧新卡箍,如图1-62所示。

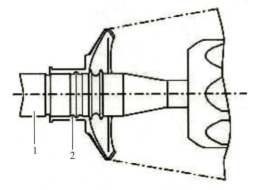

1—转向横拉杆;2—橡胶防尘套。

图1-61 防尘套推至横拉杆上

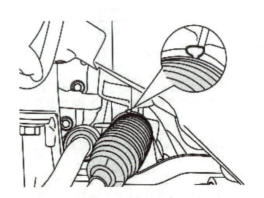

图1-62 用卡箍钳从上部夹紧新卡箍

(8)将转向横拉杆头拧至拆卸时设定的标记并进行安装。

(9)安装前车轮并拧紧。

(10)进行四轮定位。

(11)更换两个橡胶防尘套后,必须用车辆诊断测试器对转向角传感器G85进行基本设置。

(12)用车辆诊断测试器对转向系统进行基本设置。

1.3.2.3 拆卸、检修及安装转向横拉杆

1. 拆卸

(1)将转向盘旋转到正前打直位置。

(2)必要时,拆卸蓄电池支架。

(3)脱开车轮螺栓,升高汽车。

(4)拆下车轮,清洁橡胶防尘套区域内的转向器外部。

(5)脱开转向横拉杆头螺母,但不要拧下,用球形万向节压出器从车轮轴承罩中压出横拉杆球头并拧下螺母,如图1-63所示。

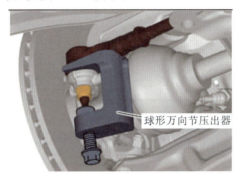

图1-63 用球形万向节压出器压出球头

(6)打开卡箍并向后推橡胶防尘套。

(7)按以下方式转动转向盘:

①针对左侧转向横拉杆,将转向盘向右转到限位位置。

②针对右侧转向横拉杆,将转向盘向左转到限位位置。

(8)用扭矩扳手配合开口扳手接头拧下转向横拉杆,如图1-64所示。

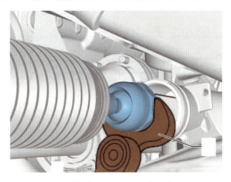

1—接头;2—扭矩扳手。

图1-64 脱开转向横拉杆与转向器的连接

2. 检修

(1) 横拉杆杆体有无裂纹、弯曲，其直线度误差一般≤2 mm；否则应校直。

(2) 各螺纹部位不应有损坏，并保证与螺塞配合不松旷，否则应更换。

3. 安装

安装以拆卸的倒序进行。

注意事项：确保每侧的转向横拉杆球头都正确安装，右侧转向横拉杆球头带有"A"标记，左侧转向横拉杆球头带有"B"标记（图1-65）。

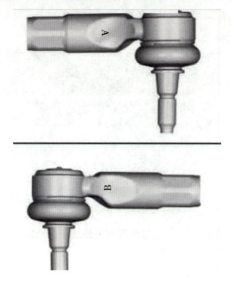

图1-65 区分左右转向杆接头

(1) 将转向盘旋转到正前打直位置。

(2) 将新的卡箍和橡胶防尘套安装在转向横拉杆上。

(3) 将转向横拉杆拧入转向横拉杆头，直到 $a = 373 \pm 1$ mm，如图1-66所示。

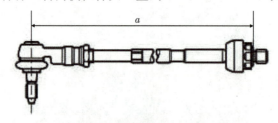

图1-66 确定横拉杆的正确安装

(4) 拧紧转向横拉杆，然后用前面安装橡胶防尘套的方法正确安装防尘套。

(5) 装上车轮并拧紧。

(6) 四轮定位。

(7)更换两个转向横拉杆后,必须用车辆诊断测试器对转向角传感器 G85 进行基本设置。

(8)用车辆诊断测试器对转向系统进行基本设置。

1.3.2.4 拆卸和安装横拉杆接头

1. 拆卸

(1)脱开车轮螺栓,升高汽车。

(2)拆下车轮。

(3)脱开螺母1,标记转向横拉杆头在转向横拉杆上的位置。

(4)将螺母2从转向横拉杆头上脱开,但不要拧下,从车轮轴承罩中压出转向横拉杆球头并拧下螺母,如图 1-67 所示。

(5)从转向横拉杆上拧下转向横拉杆头。

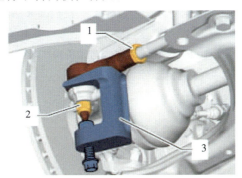

1,2—螺母;3—球形万向节压出器。

图 1-67 压出球头

2. 安装

安装以拆卸的倒序进行。转向器和转向传动机构的装配图如图 1-68 所示。

注意事项:

(1)在每一侧均正确安装转向横拉杆接头,两侧不能交换。

(2)旋转转向横拉杆头,直至到达转向横拉杆上的标记位置,并用防松螺母固定。

(3)转向横拉杆球头插入车轮轴承罩。

(4)用新螺母拧紧转向横拉杆球头。

(5)装上车轮并拧紧。

(6)四轮定位。

(7)用车辆诊断测试器对转向角传感器 G85 进行基本设置。

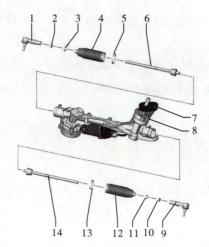

1—右侧转向横拉杆球头；2，10—螺母；3，5，11，13—卡箍；4，12—橡胶防尘套；6，14—转向横拉杆；7—密封罩；8—转向器；9—左侧转向横拉杆球头。

图 1-68　转向器和转向传动机构装配图

(8) 用车辆诊断测试器对转向系统进行基本设置。

任务实施

1. 作业说明

某顾客的迈腾 B8L 轿车在低速行驶时，感到方向不稳，产生前轮摆振。可能是转向传动机构横拉杆球头磨损松旷、前轮轮毂轴承装配过松等原因造成的，需对车辆转向传动机构进行检查、维修或更换。本作业中每一个零部件的拆装、更换都是在其他零部件安装在车上的情况下进行的。

2. 技术标准与要求

项目	具体内容
转向横拉杆与转向器的连接螺栓的拧紧扭矩	
转向横拉杆与转向拉杆球头之间螺母的拧紧扭矩	
转向球头与车轮轴承罩连接螺母的拧紧扭矩	

注：请学员查阅维修资料后填写。

3. 设备器材

(1)设备与零件总成。

_____

_____

(2)常用工具。

_____

_____

(3)耗材及其他。

_____

_____

注：请学员根据场地实际设备器材填写。

4. 作业流程

(1)做好安全防护，清洁总成及工具。

(2)检查转向系统防尘套、横拉杆、球头等。

(3)拆装橡胶防尘套、转向横拉杆、转向横拉杆球头。

5. 填写考核工单

一、查询并记录车辆及转向系统信息			
车辆型号		生产日期	
行驶里程			
查询用户手册，记录转向系统保养项目里程及周期			

二、检查转向系统相关零件	
检查项目	检查结果
转向防尘套是否有裂纹或破损	是☐　否☐
转向横拉杆有无变形、损坏	是☐　否☐
转向传动机构运转是否自如、有无卡滞或摩擦	是☐　否☐
左右晃动车轮，观察转向拉杆球头是否松旷	是☐　否☐
球头油封是否破损	是☐　否☐

三、拆装步骤及紧固规格（拆卸后需向考官报备）			
转向防尘套的拆装步骤	____模块____任务____页	转向横拉杆与转向器的连接螺栓的扭力规格	
转向横拉杆的拆装步骤	____模块____任务____页	转向横拉杆与转向拉杆球头之间螺母的扭力规格	
转向横拉杆球头的拆装步骤	____模块____任务____页	转向球头与车轮轴承罩连接螺母的扭力规格	

四、检查传动机构零件	
检查项目	检查结果
横拉杆及杆接头上的螺纹是否有损伤	是☐　否☐
球头是否磨损	是☐　否☐

自我测试

(1) 简述汽车转向传动机构的组成及作用。

_____
_____
_____
_____
_____
_____
_____
_____

(2) 简述迈腾 B8L 轿车转向传动机构的组成。

_____
_____
_____
_____
_____
_____
_____
_____

(3) 简述橡胶防尘套、转向横拉杆、转向横拉杆球头的拆装流程及技术要点。

_____
_____
_____
_____
_____
_____
_____
_____

拓展学习

汽车转向球头销润滑脂流变特性

汽车转向球头销用于转向器、转向拉杆及稳定杆的连接，起到传递力矩的作用，由金属球头销和球座组成，其运动形式类似于人的关节，是汽车中较为重要的安全部件。

随着汽车工业的不断发展，人们对汽车的安全性和舒适性越来越重视，而转向球头销的性能直接影响到驾驶安全及驾驶者的操作感受。

转向球头销一般选用润滑脂进行润滑，其性能对转向球头销的力矩稳定性及耐久性有较大的影响。基础油的黏度增大时，润滑脂的弹性特征会急剧下降，而黏性特征下降相对较慢，抗剪切性能也会变差，同时启动力矩和运转力矩均会减小。球头销润滑脂的流变特性和球头力矩表现出一定的相关性，可用球头销润滑脂的流变特性来表征球头的力矩特性，提高球头销润滑脂的开发效率和可靠性。

模块二
悬架系统检测维修

任务 2.1

前悬架检测维修

任务引入

某顾客的迈腾 B8L 轿车最近表现出转弯时车身倾斜严重的问题,经省级技能大师张师傅综合诊断后,将问题锁定在前悬架上,需对车辆前悬架进行检修。

学习目标

(1)掌握悬架的功用、类型与基本组成。

(2)掌握前悬架的类型、结构与特点。

(3)掌握前悬架部件的拆装方法。

(4)掌握前悬架部件的检查方法。

(5)能够拆装前悬架部件。

(6)能够检查前悬架部件。

(7)能够在工作过程中与小组成员交流、合作,培养团队合作意识,锻炼沟通能力。

(8)在处理废弃减振器时要注意飞溅的金属屑,以此来树立"安全第一、生命至上"的安全意识和规范操作的职业素养。

知识准备

2.1.1 悬架系统概述

2.1.1.1 悬架系统功用

悬架系统是现代汽车上的重要总成，对汽车行驶平顺性和操纵稳定性有很大的影响，它的作用是弹性地连接车桥与车架或车身，可以用传力、缓冲、减振、导向几个字来概括，具体作用如下：

(1)与轮胎一起吸收和减缓不平整路面所造成的各种摇摆和振动，从而保障乘客和货物的安全，并提高驾驶稳定性。

(2)将路面与车轮之间的摩擦所产生的驱动力和制动力，传输至底盘和车身。

(3)支承车桥上的车身，并使车身与车轮之间保持适当的几何关系，改善汽车的操纵稳定性和行驶平顺性。悬架在整车上的位置，如图2-1所示。

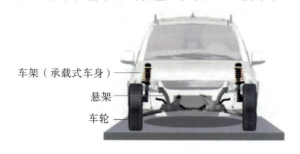

图2-1 悬架的位置图

2.1.1.2 悬架系统的组成与作用

现代汽车的悬架虽有不同的结构形式，而且前悬架和后悬架的结构也稍有不同，但一般都由弹性元件(弹簧)、减振器、横向稳定杆(稳定器)和连接机构(下臂、悬架臂)等组成。前、后悬架的组成如图2-2所示。

(1)弹性元件用来承受并传递垂直负荷，缓和汽车在不平坦道路上行驶时所引起的冲击。

(2)减振器可以快速消除弹簧的振动，改善汽车行驶的平顺性，它与弹性元件并联安装。

(3)横向稳定杆可以防止车身在转向等情况下发生过大的横向倾斜，改善汽车的操纵稳定性和行驶平顺性。

(4)导向机构用于传递纵向力矩、侧向力和由此而产生的力矩，并保证车轮的运动相对于车架或车身有一定的规律。

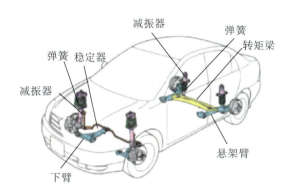

图2-2 悬架的组成

2.1.1.3 悬架的类型

汽车悬架可分为非独立悬架和独立悬架两大类，非独立悬架如图2-3所示，独立悬架如图2-4所示。

非独立悬架（整体桥悬架或刚性悬架）因其结构简单、工作可靠，而被广泛应用于货车的前、后悬架。在轿车中，非独立悬架仅用于后桥。非独立悬架的特点是两侧车轮安装于一整体式车桥上，车轮连同车桥一起通过弹性元件悬挂在车架或车身上，一侧车轮受到冲击时会直接影响到另一侧车轮。非独立悬架由于簧载质量比较大，特别是在汽车高速行驶，悬架受到较大的冲击载荷时，汽车的平顺性较差。

独立悬架的两侧车轮分别独立且弹性地与车架或车身连接，当一侧车轮受到冲击时，基本运动不会直接影响到另一侧的车轮。它的行驶平顺性、稳定性较好，但结构复杂，制造成本高，维修不便。独立悬架所采用的车桥是断开式的，这样可降低发动机的安装位置，有利于降低汽车的重心，并使结构紧凑。独立悬架允许前轮有较大的跳动空间，这样便于选择较软的弹性元件使行驶的平顺性得到改善。同时，独立悬架簧载质量小，可提高汽车车轮的附着性能。

图2-3 非独立悬架

图2-4 独立悬架

常见的几种非独立悬架及独立悬架如图2-5所示。麦弗逊式独立悬架目前在轿车中的应用很广泛,迈腾 B8L 轿车前悬架采用的就是这种结构,其结构如图 2-6 所示。它由减振器、螺旋弹簧、横摆臂、横向稳定杆等组成。减振器与套在它外面的螺旋弹簧合为一体,构成悬架的弹性支柱,支柱上端与车身挠性连接,支柱的下端与转向节刚性连接。横摆臂的外端通过球头销 B 与转向节的下部连接,内端与车身铰接。麦弗逊式独立悬架的设计特点是结构简单,悬架重量轻,占用空间小,响应速度和回弹速度快,所以悬架有比较强的阻尼能力。但麦弗逊式悬架结构简单,重量轻,形状直,缺乏抗左右冲击能力,抗侧倾和制动点头能力弱,稳定性差。

部分轿车前悬架采用双叉臂式独立悬架,如图 2-7 所示。其结构通常采用上下长短不一的叉臂(上短下长),使车轮上下运动时能自动改变外倾角,减少轮距变化,减少轮胎磨损,适应路面。由于车轮的横向力和纵向力由两组叉臂承担,双叉臂悬架的强度和抗冲击能力比麦弗逊式悬架强很多,能很好地抑制车辆转弯时的倾斜和制动点头等问题。由于双叉臂悬架比麦弗逊式悬架多一个上摇臂,占用空间更大,定位参数难以确定,所以小型车前桥由于空间和成本的原因很少采用这种悬架。

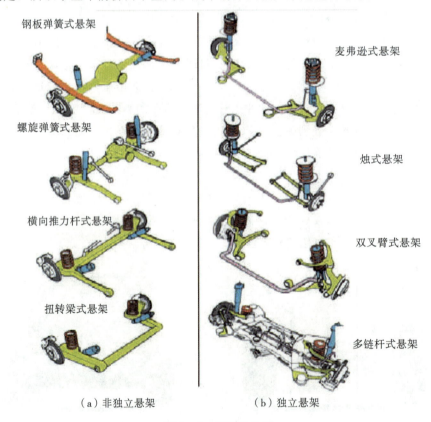

图 2-5 常见的悬架

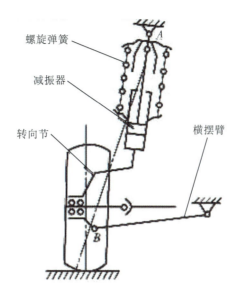

图2-6 麦弗逊式独立悬架结构示意图

图2-7 双叉臂式独立悬架结构示意图

2.1.1.4 悬架系统检查

(1)检查车辆前后的倾斜状况。

(2)检查减振器和螺旋弹簧。

①仔细查看减振器是否有漏油、老化、松垮、变形和破裂等现象,螺旋弹簧是否损坏,弹簧保护漆层是否有腐蚀、刮伤、划痕或麻点现象,橡胶防尘套和缓冲块(限位块)有无破损。

②检查减振器的减振效果。用力按下保险杠,然后松开,如果汽车在2~3次跳跃

中迅速停止振动,则说明减振器工作良好。

③将车辆举离地面,检查减振器上下安装的支架螺栓是否有松动。

(3)检查稳定杆铰接头和稳定杆衬套。

先将车辆举升,检查稳定杆及连杆是否松旷,铰接头是否完好,防尘套是否损坏。把车辆放下时,观察前悬架的稳定杆支承处拉杆是否移位和有无间隙,衬套是否老化且出现裂痕、损坏等。

(4)检查车身与底盘之间的支架螺栓。

采用套筒扳手检查悬架横梁与车身之间,以及中间梁与车身之间所连接的螺栓是否松动。

(5)检查悬架臂与球头。

①检查球头防尘罩有无破损,用撬棍检查球节是否过松,上、下晃动下悬架臂,检查球头是否有游隙。

②检查悬架臂有无裂纹、变形或损坏。用撬棒轻轻撬动悬架臂与车架连接端,检查衬套有无破损老化和裂纹。

2.1.2 迈腾 B8L 轿车前悬架拆装

2.1.2.1 下摆臂的拆装

1. 拆卸

(1)松开车轮螺栓。

(2)升高汽车,拆下车轮。

(3)拆卸隔音垫。

(4)松开后部区域内的轮罩板并向前翻起(必要时)。

(5)拧下螺母,并从主销中脱出摆臂,如图 2-8 所示。

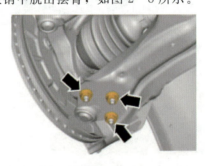

图 2-8 主销固定螺母

(6)拆卸摆动支承。

(7)松开排气装置双卡箍。

(8)从副车架上拧下排气装置支架的固定螺栓,并从副车架上脱开排气装置支架,如图2-9所示。

(9)完全拧紧发动机支座T10533,以便实现最短的长度。

(10)将发动机支座以更高的角度拧紧到变速箱上,使用摆动支承螺栓中的短螺栓,如图2-10所示。

图2-9 排气装置支架位置图

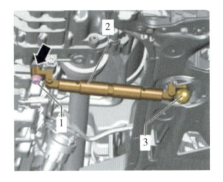

1—短螺栓;2—T10533;3—T10533/5。

图2-10 发动机支座安装图

(11)将发动机/变速箱总成尽量向前按压,直至螺杆T10533/5可以安装到摆动支承轴承中。

(12)安装转动发动机支座T10533直至摆臂螺栓和变速箱之间的距离$a=85$ mm,如图2-11所示。

(13)旋出图2-12中箭头所指的螺栓。

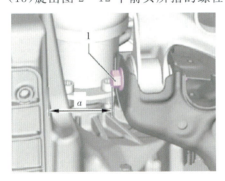

1—摆臂螺栓。

图2-11 摆臂螺栓和变速箱之间距离

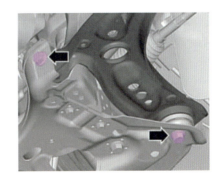

图2-12 摆臂固定螺栓

(14)向后翻起摆臂,接着沿箭头方向从副车架上拔下,如图2-13所示。

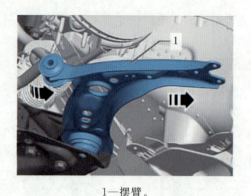

1—摆臂。

图2-13 摆臂拆卸图

2. 安装

(1)安装以拆卸的倒序进行。

(2)注意事项：

①将摆臂装入副车架中的箭头方向，接着向前翻起，如图2-14所示。

②在空载位置拧紧螺栓和螺母。

③对制动系统进行排气。拆卸发动机支座T10533，先安装摆动支承，再安装副车架的排气装置支架。其余的安装以倒序进行。

④按规定力矩拧紧螺栓、螺母。

1—摆臂。

图2-14 摆臂安装图

2.1.2.2 稳定杆拆装

1. 拆卸

(1)松开车轮螺栓。

(2)升高汽车，拆下车轮。

(3)拆卸下部隔音垫。

(4)拧出螺栓,并从副车架上脱开排气装置支架。

(5)拧出摆动支承的螺栓,如图2-15所示。

(6)拧下连接杆左右侧的六角螺母,将左右两侧的连接杆从稳定杆中拉出,如图2-16所示。

图2-15 摆动支承螺栓

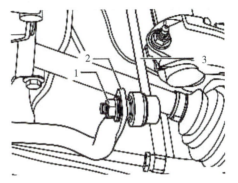

1—六角螺母;2—稳定杆;3—连接杆。

图2-16 连接杆六角螺母位置图

(7)拧下左侧和右侧的主销固定螺母。

(8)脱开副车架和转向器上的电线束夹子,如图2-17所示。

(9)脱开副车架上的电控机械式转向器J500线束固定卡,如图2-18所示。

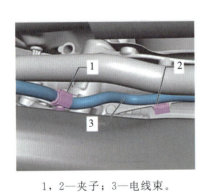

1,2—夹子;3—电线束。

图2-17 副车架和转向器上的电线束

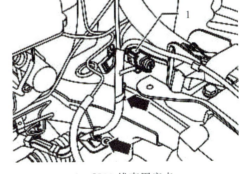

1—J500线束固定卡。

图2-18 电控机械式转向器J500线束固定卡

(10)拧出稳定杆的螺栓,如图2-19所示。

(11)拆卸转向器螺栓,如图2-20所示。

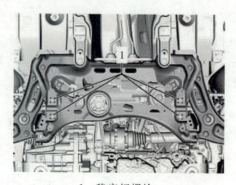
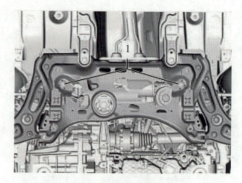

1—稳定杆螺栓。

图 2-19 拧出稳定杆的螺栓

1—转向器螺栓。

图 2-20 拆卸转向器螺栓

(12) 从副车架中脱出转向器,并将其用绑带固定在车身上。

(13) 将发动机和变速箱举升装置 V.A.G 1383 A 放到副车架下固定副车架,如图 2-21 所示。

(14) 根据导线长度略微降低副车架,从电控机械式转向器 J500 上脱开线束固定卡,如图 2-22 所示(根据导线长度降低副车架大约 10 cm)。

(15) 向后取出稳定杆。

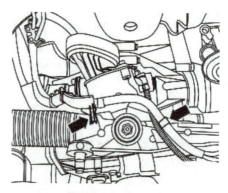

1—V.A.G 1383A。

图 2-21 发动机和变速箱举升装置

图 2-22 从电控机械式转向器 J500 上脱开线束固定卡

2. 安装

(1) 安装以拆卸的倒序进行。

(2) 注意事项:

①在空载位置拧紧螺栓和螺母。

②按规定力矩拧紧螺栓、螺母。

③拧紧时固定住万向节销的内侧密齿,拆卸后更换。

2.1.2.3 连接杆的拆装

1. 拆卸

(1)升高汽车,拧下螺母,并拔出减振器上的连接杆,如图 2-23 所示。

(2)拧下连接杆上的六角螺母,从稳定杆中拉出连接杆。

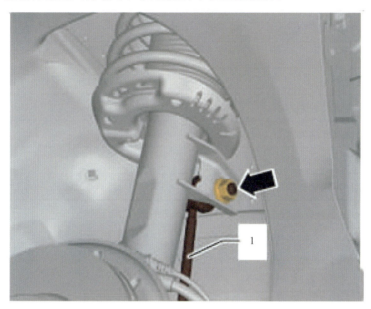

1—连接杆。

图 2-23 减振器、连接杆与固定六角螺母

2. 安装

(1)安装以拆卸的倒序进行。

(2)注意事项:

①按规定力矩拧紧螺母。

②拧紧时固定住万向节销的内侧密齿,拆卸后更换。

任务实施

1. 作业说明

某顾客的迈腾 B8L 轿车出现转弯时车身倾斜严重的问题,可能是横向稳定杆松动、弹簧弹力过软或支承座变形、减振器损坏等原因造成的,需要对前悬架部件及连接状况进行检修。

2. 技术标准与要求

项目	具体内容
车轮螺栓拧紧力矩	
主销固定螺栓拧紧力矩	
下摆臂固定螺栓拧紧力矩	
摆动支承螺栓拧紧力矩	
隔音垫螺栓拧紧力矩	
排气装置支架固定螺栓拧紧力矩	
连接杆六角固定螺母拧紧力矩	
稳定杆与副车架固定螺栓拧紧力矩	
转向器与副车架固定螺栓拧紧力矩	

注：请学员查阅维修资料后填写。

3. 设备器材

（1）设备与零件总成。

_____

_____

（2）常用工具。

_____

_____

（3）耗材及其他。

_____

_____

注：请学员根据场地实际设备器材填写。

4. 作业流程

（1）做好安全防护，清洁总成及工具。
（2）检查前悬架部件及连接状况。
（3）拆装前悬架部件。

5. 填写考核工单

一、查询并记录车辆信息					
品牌		整车型号		生产年月	
发动机型号		发动机排量		行驶里程	
查询用户手册，记录前悬架拆装					

二、拆装步骤及紧固规格（拆卸后需向考官报备）			
下摆臂拆装步骤	第___章___节___页	扭力规格	
稳定杆拆装步骤	第___章___节___页	扭力规格	
连杆拆装步骤	第___章___节___页	扭力规格	

三、前悬架部件检查			
检查项目	检查情况	判定	维修措施
下摆臂	变形☐ 裂纹☐ 松动☐ 无☐	正常☐ 异常☐	更换☐ 无☐
稳定杆	变形☐ 裂纹☐ 松动☐ 无☐	正常☐ 异常☐	更换☐ 无☐
连杆	变形☐ 裂纹☐ 松动☐ 无☐	正常☐ 异常☐	更换☐ 无☐
副车架	变形☐ 裂纹☐ 松动☐ 无☐	正常☐ 异常☐	更换☐ 无☐

自我测试

(1) 简述汽车悬架系统的功用与组成。

_____
_____
_____
_____
_____
_____
_____

(2) 简述麦弗逊式独立悬架的结构与特点。

_____
_____
_____
_____
_____
_____
_____

(3) 简述下摆臂的拆卸步骤。

_____
_____
_____
_____
_____
_____
_____

拓展学习

减振器废弃处理

一、排空后部气压减振器

将气压减振器垂直固定在虎钳上，飞溅的金属屑会刺激和伤害皮肤及眼睛，所以必须戴上防护眼镜和防护手套。

如图 2-24 所示，选择尺寸 $a=50$ mm 和尺寸 $b=150$ mm 的位置，钻一个直径为 3 mm 的孔 A，穿透减振器外观，钻孔时气体将泄出，继续钻孔，直至将内管钻透为止，钻第二个直径为 6 mm 的孔 B，穿透减振器外管和内管。将减振器固定在集油罐上方，多次在整个行程来回推动活塞杆，直至不再溢出机油。

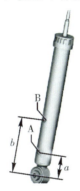

图 2-24 减振器开孔尺寸

二、减振器泄漏

经常有客户投诉减振器泄漏而更换减振器。试验台和汽车检测结果表明，大部分被投诉的减振器无需更换。不能因为活塞杆密封件上泄漏少量机油就更换减振器。在下列条件下，减振器被机油润湿是正常的：

(1)机油溢出是可见的，但是暗淡、无光泽，并且可能由于灰尘而干结。

(2)对于后部减振器，机油溢出的位置为上部减振器密封盖(活塞杆密封环)。

三、检测已拆下的减振器

如果减振器已损坏，在行驶过程中，尤其是在行驶路面状况不佳的情况下，会听到其发出很响的扑腾声。机油损耗激增也可能是减振器损坏的征兆。

减振器是免维护的，减振器机油也无法添加。可以按照下列步骤，用手检查已拆下的减振器：

(1)用手压紧减振器，活塞杆必须能够在整个冲程范围内沉重而平稳地均匀移动。

(2)松开活塞杆，在减振器中具有足够的气压时，活塞杆会自动返回其初始位置。

当减振器出现漏油及活塞杆无法回到其初始位置时，必须更换减振器，否则会影响汽车的正常行驶。

任务 2.2

后悬架及其他附件检测维修

任务引入

某顾客的迈腾 B8L 轿车最近行驶到颠簸路面时，车身后部会出现"哐哐"的响声，经省级技能大师刘师傅综合诊断后，将问题锁定在后悬架上，需对车辆后悬架进行检修。

学习目标

（1）掌握后悬架的结构与特点。
（2）掌握减振器和减振弹簧的分类与作用。
（3）掌握后悬架部件的拆装方法。
（4）掌握后悬架部件的检查方法。
（5）能够拆装后悬架部件。
（6）能够检查后悬架部件。
（7）能够在工作过程中与小组成员交流、合作，培养团队合作意识，锻炼沟通能力。
（8）通过后悬架案例分析，建立"抓住主要矛盾，解决关键问题"的自然辩证法思维。

> **知识准备**

2.2.1 悬架系统概述

2.2.1.1 后悬架结构

经济型轿车为了节约成本,后悬架一般采用非独立式;中、高级轿车为了提高车辆的舒适性和稳定性,后悬架一般采用独立式。

1. 纵臂型带扭矩梁式非独立悬架

纵臂型带扭矩梁式非独立悬架结构如图2-25所示,它主要由扭矩梁与纵臂(扭力梁)、减振器(左、右)、螺旋弹簧(左、右)、橡胶护套(左、右)和弹簧座等组成。

图2-25 纵臂型带扭矩梁式非独立悬架

2. 多连杆式独立悬架

多连杆式独立悬架指由三根或三根以上连接拉杆构成,并且能提供多个方向的控制力,使轮胎具有更加可靠的行驶轨迹的悬架结构。不过时下,由于三连杆结构已不能满足人们对于底盘操控性能的更高追求,只有结构更为精确、定位更加准确的四连杆式和五连杆式悬架才能称得上是真正的多连杆式,多连杆式独立悬架结构如图2-26所示。它主要由车桥、减振器、螺旋弹簧、横向稳定杆和多条拉杆组成。多连杆悬架可以充分发挥轮胎的抓地力,从而提高整车的操控极限。然而,它的结构复杂,制造成本高。高档车因为空间充裕,强调舒适性和操纵稳定性,大多采用多连杆式悬挂。

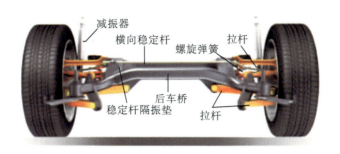

图 2-26　多连杆式独立悬架

2.2.1.2　弹性元件种类

悬架常采用的弹性元件有钢板弹簧、螺旋弹簧、扭杆弹簧、橡胶弹簧和气体弹簧等。

1. 钢板弹簧

如图 2-27 所示，钢板弹簧由一组弯曲弹簧钢片从短至长依次叠放组成。这些重叠钢板在中心点用一枚 U 形中心螺栓或铆钉固定在一起。此外，为了防止钢板滑出原位，还用夹箍（弹簧夹）在几个地方将其固定。将最长的一条钢板（主钢板）的两端弯成弹簧卷耳（内装青铜或塑料、橡胶、粉末冶金制成的衬套），用于将弹簧装在车架或构件（如侧梁）上。

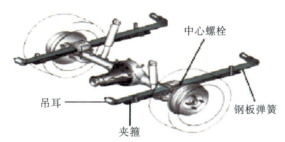

图 2-27　钢板弹簧结构图

2. 螺旋弹簧

由特殊的圆形钢材缠绕成螺旋结构，利用弹簧的抗扭强度来吸收振动和冲击。它具有体积小、重量轻、价格低廉、能高效吸收路面冲击产生的垂直力等优点，在轿车上得到广泛应用。但是螺旋弹簧不能吸收横向能量，因此还需要其他的辅助机构。螺旋弹簧结构图如图 2-28 所示。

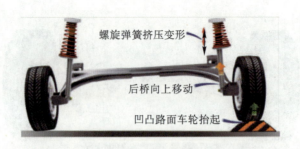

图 2-28 螺旋弹簧结构图

3. 扭杆弹簧

扭杆弹簧（通常简称为扭杆）是用其自身扭转弹性抵抗扭曲力的弹簧钢杆，如图 2-29 所示。扭杆的一端固定在车架或车身的其他构件上，另一端连在受到扭力载荷的部件上。扭杆弹簧也用于制造稳定杆，适用于小型车及厢式车的悬架系统。

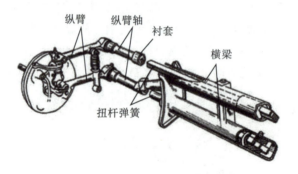

图 2-29 扭杆弹簧结构图

4. 橡胶弹簧

当橡胶弹簧由于外力而变形时，产生内部摩擦，吸收振动。橡胶弹簧的优点包括可以制成任何形状、使用时无噪音声、不需要润滑。但橡胶弹簧不适于支承重载荷。所以，橡胶弹簧主要用作辅助弹簧，或用作悬架部件的衬套、垫片、垫块、挡块及其他支承件，如图 2-30 所示。

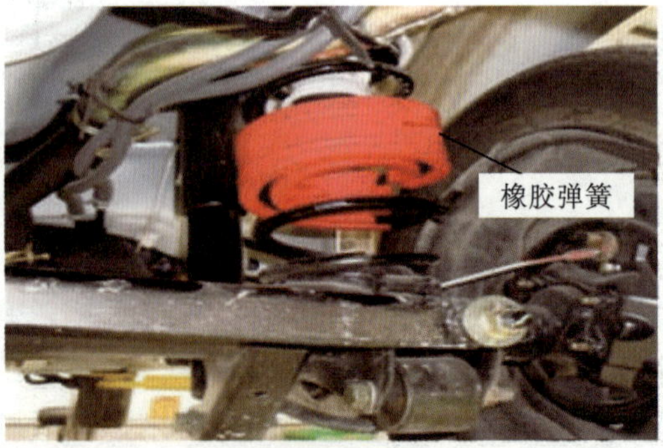

图 2-30 橡胶弹簧

5. 空气弹簧

气体弹簧主要有空气弹簧和油气弹簧两种。空气弹簧用空气做弹性介质，即在一个密闭的容器内装入压缩空气（气压为 0.5

～1 MPa），利用气体的可压缩性实现弹簧的作用，如图 2-31 所示。

图 2-31　空气弹簧

2.2.2　减振器

2.2.2.1　减振器功用与类型

1. 功用

减振器用于迅速衰减汽车的振动，改善汽车行驶的平顺性。

2. 类型

(1)按结构不同，减振器分为双筒式减振器和单筒式减振器。
(2)按工作介质不同，减振器分为液压式减振器和充气式减振器。
(3)按工作原理不同，减振器分为单向作用式减振器和双向作用式减振器。

2.2.2.2　减振器结构与工作原理

1. 双向作用筒式减振器

如图 2-32 所示，双向作用筒式减振器由活塞、活塞杆、油封、工作缸筒、防尘罩、导向座、储油缸筒、伸张阀、流通阀、压缩阀、补偿阀组成，其工作过程如下。

1)压缩行程

当车桥移近车架(或车身)时，减振器受压缩，活塞下移，使其下腔容积减小，油压升高。活塞运动较慢时，仅流通阀和相应常通孔隙参加工作；车身振动剧烈时，压缩阀也参加工作。

2)伸张行程

当车桥相对远离车架(或车身)时，减振器受拉伸，活塞上移，使其上腔容积减小，油压升高。活塞运动较慢时,仅补偿阀和相应常通孔隙参加工作;车身振动剧烈时,伸张阀也参加工作。

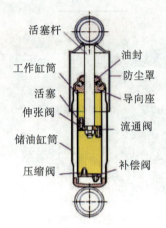

图 2-32 双向作用筒式减振器结构图

2. 充气式减振器

1) 结构特点

在减振器的下部有一个浮动活塞使工作腔被分成三部分,如图 2-33 所示。

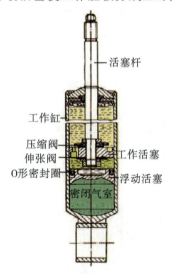

图 2-33 充气式减振器结构图

2) 工作原理

当车轮跳动时,减振器的工作活塞在油液中做往复运动,使工作活塞的上腔与下腔之间产生油压差，压力油便推开压缩阀或伸张阀来回流动。由于阀对压力油产生较大的阻尼力而使振动衰减。

3）优点

由于采用浮动活塞，不需要储油缸筒，而且还减少了一套阀门系统，使结构大为简化；在防尘罩直径相同的条件下，充气式减振器工作缸筒及活塞直径大，可以产生更大的阻尼力；减振器中的高压氮气能减少车轮遇到冲击力时产生的高频振动，且有助于消除噪声和消除油液的乳化现象；充气式减振器可以改善行驶的平顺性和轮胎的接地性。

4）缺点

对油封要求高，充气工艺复杂，维修困难，当缸筒受到冲击而变形时，减振器就不能工作。

3. 阻力可调式减振器

如图 2-34 所示，阻力可调式减振器由气室、弹簧、空心连杆、柱塞杆、柱塞、节流孔、活塞组成，其工作原理如下。

当汽车载荷增加时，空气囊中的气压升高，与之相通的气室内气压也随之升高，促使膜片向下移动与弹簧产生的压力相平衡。同时膜片带动与它相连的柱塞杆和柱塞下移，使得柱塞相对空心连杆上的节流孔的位置发生了位移从而减少了节流孔通道的截面面积，导致油液的流动阻力减少，达到随汽车载荷的变化而改变减振器阻力的目的，保证了悬架系统具有良好的振动特性。

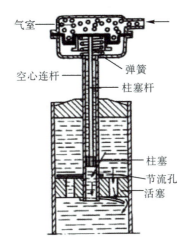

图 2-34 阻力可调式减振器结构图

2.2.3 迈腾 B8L 轿车后悬架拆装

2.2.3.1 后桥拆装

1. 拆卸

(1) 松开车轮螺栓。

(2) 升高汽车，拆下车轮。

(3) 脱开左侧和右侧 ABS 转速传感器上的电气插头连接。

(4) 脱开两侧制动钳上的电控机械式驻车制动器的驻车马达上的电气插头连接。

(5) 脱开线束固定卡，并将线束卡放置一旁。

(6) 拆卸弹簧。

(7) 在汽车两侧脱出固定夹，从支架中脱出制动管路。

(8) 拆下左右制动钳，与连接的制动管一起固定到车身上。

(9) 拆卸排气装置的后消音器。

(10) 如果在纵摆臂轴承座上有底板饰板，则将其拆卸下来。

(11) 用张紧带 T10038 将汽车绑在升降台的支撑臂上，如图 2-35 所示。

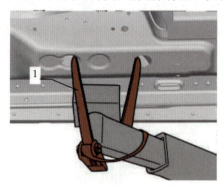

1—T10038。

图 2-35 用张紧带将汽车绑在升降台的支撑臂上

(12) 必要时拆卸底板饰板，固定副车架。

(13) 脱出轴承座上的导线。

(14) 在车身上标记出轴承座的安装位置，拧出螺栓，如图 2-36 所示。

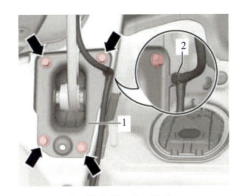

1—轴承座；2—导线。

图 2-36 轴承座位置图

(15)略微降下副车架和加装件。
(16)脱开夹子上的制动管路。
(17)拧出螺栓，并取下隔热板，如图 2-37 所示。

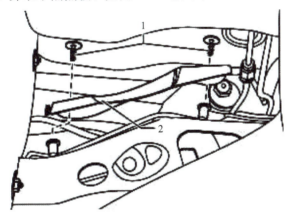

1—螺栓；2—隔热板。

图 2-37 隔热板位置图

(18)从夹子中脱开制动管路，如图 2-38 所示。
(19)降下副车架和加装件。

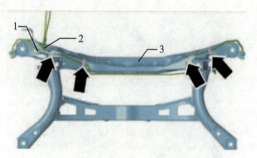

1，2—制动管路；3—副车架。

图 2-38　副车架结构图

2. 安装

(1)安装以拆卸的倒序进行。

(2)注意事项：

①按规定力矩拧紧螺母。

②如果不绑紧汽车，可能会导致汽车从举升机上滑落。

③不要脱开制动管路。

④夹子如损坏，更换损坏的夹子。

⑤给制动管路和导线留出足够的自由空间。

2.2.3.2　转向横拉杆拆装

1. 拆卸

(1)松开车轮螺栓。

(2)升高汽车，拆下车轮。

(3)拧出稳定杆的螺栓，如图 2-39 所示。

(4)拧下螺母并向后取出螺栓，取出转向横拉杆，如图 2-40 所示。

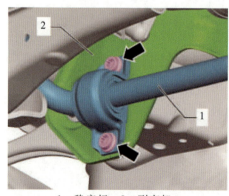

1—稳定杆；2—副车架。

图 2-39　稳定杆固定螺栓

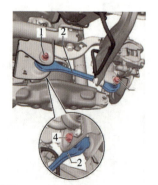

1—螺母；2—转向横拉杆；3，4—螺栓。

图 2-40　稳定杆位置图

2. 安装

（1）安装以拆卸的倒序进行。

（2）注意事项：

①按规定力矩拧紧螺母。

②只有当轮毂中心与轮罩下沿之间达到安装前测得的尺寸时，才能拧紧转向横拉杆的螺栓连接件。

2.2.3.3 减振器拆装

1. 拆卸

（1）松开车轮螺栓。

（2）升高汽车，拆下车轮。

（3）用张紧带 T10038 将汽车绑在升降台的支撑臂上。

（4）必要时，拆卸底板饰板。

（5）拆卸后部轮罩板。

（6）将发动机和变速箱举升装置 V.A.G 1383 A 放到下部横摆臂下面并稍稍向上按压。

（7）拆卸减振器的螺栓，如图 2-41 所示。

（8）拧下螺母，取下螺栓，取出减振器，如图 2-42 所示。

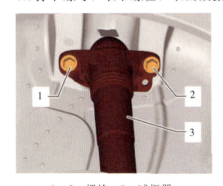

1，2—螺栓；3—减振器。

图 2-41 减振器上部固定螺栓

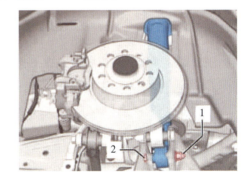

1—螺母；2—螺栓。

图 2-42 减振器与下部横摆臂固定螺栓

2. 安装

（1）安装以拆卸的倒序进行。

（2）注意事项：

①减振器螺栓和螺母拆卸后更新，并按规定力矩拧紧螺母。

②如果不绑紧汽车，可能会导致汽车从举升机上滑落。

③只能在空载位置拧上减振器和横摆臂。

2.2.3.4 弹簧拆装

1. 拆卸

(1)松开车轮螺栓。

(2)升高汽车,拆下车轮。

(3)必要时,拆卸底板饰板。

(4)用张紧带 T10038 将汽车绑在升降台的支撑臂上。

(5)向内按压装配辅助件的凸耳,向上取出装配辅助件,如图 2-43 所示。

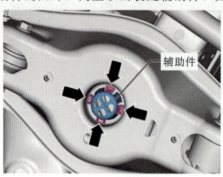

图 2-43 装配辅助件

(6)将发动机和变速箱举升装置 V.A.G 1383 A 放到下部横摆臂下面并稍稍向上按压。

(7)装入弹簧张紧装置,如图 2-44 所示。

(8)张紧螺旋弹簧,旋出螺母并拉出连接杆的螺栓,如图 2-45 所示。

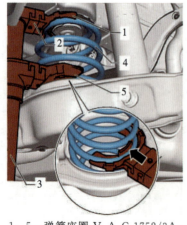

1,5—弹簧座圈 V.A.G 1752/3A;
2—适配接头 V.A.G 1752/9;
3—弹簧张紧装置;4—弹簧。

图 2-44 弹簧张紧装置安装图

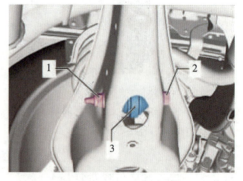

1—螺母;2—螺栓;3—连接杆。

图 2-45 拆卸连接杆螺栓

(9)拧下螺母并拔出减振器连接螺栓与车轮轴承罩连接螺栓,如图 2-46 所示。

(10)在下部横摆臂下面缓慢地下降发动机和变速箱举升装置 V.A.G1383A,直至可以取出弹簧张紧装置 V.A.G1752/1 和张紧的弹簧。

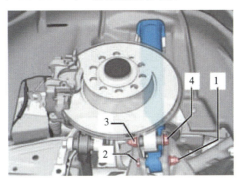

1,3—螺母;2,4—螺栓。

图 2-46 拆卸下部减振器连接螺栓与车轮轴承罩连接螺栓

2. 安装

(1)安装以拆卸的倒序进行。

(2)注意事项:

①拆卸螺栓和螺母后更新,并按规定力矩拧紧螺母。

②如果不绑紧汽车,可能会导致汽车从举升机上滑落。

③确保螺旋弹簧在弹簧座圈 V.A.G 1752/3A 的正确位置中,如图 2-44 所示。

④固定住弹簧张紧装置 V.A.G 1752/1 和张紧的弹簧。

⑤弹簧垫圈需安装到位。

⑥弹簧端部必须紧贴弹簧垫圈的止挡块。

⑦下部弹簧垫圈有一个轴销,安装在下部横摆臂的钻孔内,如图 2-47 所示。

⑧在下部横摆臂下面向上按压发动机和变速箱举升装置 V.A.G 1383 A。

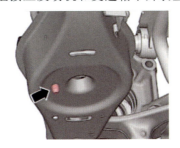

图 2-47 下部弹簧垫圈轴销安装图

任务实施

1. 作业说明

某顾客的迈腾 B8L 轿车在行驶到颠簸路面时,车身后部出现"哐哐"的响声,可能是副车架松动、稳定杆松动、上下横摆臂松动、转向横拉杆松动、弹簧弹力过软或支承座变形、减振器损坏等原因造成的,需要对后悬架部件及连接状况进行检修。

2. 技术标准与要求

项目	具体内容
制动钳固定螺栓拧紧力矩	
轴承座固定螺栓拧紧力矩	
副车架固定螺栓拧紧力矩	
横拉杆固定螺栓拧紧力矩	
减振器上部固定螺栓拧紧力矩	
减振器下部固定螺栓拧紧力矩	

注:请学员查阅维修资料后填写。

3. 设备器材

(1)设备与零件总成。

_____

_____

(2)常用工具。

_____

_____

(3)耗材及其他。

_____

_____

注:请学员根据场地实际设备器材填写。

4. 作业流程

(1)做好安全防护,清洁总成及工具。

(2)检查后悬架部件及连接状况。

(3)拆装后悬架部件。

5. 填写考核工单

一、查询并记录车辆信息					
品牌		整车型号		生产年月	
发动机型号		发动机排量		行驶里程	
查询用户手册，记录后悬架拆装					

二、拆装步骤及紧固规格（拆卸后需向考官报备）			
副车架拆装步骤	第___章___节___页	扭力规格	
转向横拉杆拆装步骤	第___章___节___页	扭力规格	
减振器拆装步骤	第___章___节___页	扭力规格	
减振弹簧拆装步骤	第___章___节___页	扭力规格	

三、后悬架部件检查			
检查项目	检查情况	判定	维修措施
副车架	变形☐ 损坏☐ 松动☐ 无☐	正常☐ 异常☐	更换☐ 无☐
上部横摆臂	变形☐ 损坏☐ 松动☐ 无☐	正常☐ 异常☐	更换☐ 无☐
下部横摆臂	变形☐ 损坏☐ 松动☐ 无☐	正常☐ 异常☐	更换☐ 无☐
横拉杆	变形☐ 损坏☐ 松动☐ 无☐	正常☐ 异常☐	更换☐ 无☐
减振器	变形☐ 异响☐ 泄漏☐ 无☐	正常☐ 异常☐	更换☐ 无☐
减振器支座	破损☐ 硬化☐ 脱落☐ 无☐	正常☐ 异常☐	更换☐ 无☐
减振器防尘套	破损☐ 硬化☐ 脱落☐ 无☐	正常☐ 异常☐	更换☐ 无☐
螺旋弹簧垫	破损☐ 硬化☐ 脱落☐ 无☐	正常☐ 异常☐	更换☐ 无☐
螺旋弹簧	变形☐ 腐蚀☐ 无弹性☐ 无☐	正常☐ 异常☐	更换☐ 无☐

自我测试

(1) 简述多连杆式独立悬架的结构与特点。

(2) 简述双向作用筒式减振器结构与工作原理。

(3) 简述后减振器的拆卸步骤。

拓展学习

电子控制悬架系统

一、基本组成

电子控制悬架系统基本结构如图 2-48 所示。

（1）传感器用于检测汽车行驶的路面情况（汽车的振动）和汽车的速度、起动、加速、转向、制动等情况。并将其转变成电信号，输给电子控制单元（ECU）。

（2）电子控制单元（ECU）用于将传感器送入的电信号进行综合处理，向执行机构输出对悬架的刚度、阻尼和车身高度的调节信号。

（3）执行机构按照电子控制单元（ECU）的信号，准确地动作，及时地调节悬架的刚度、阻尼和车身高度。

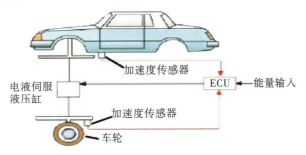

图 2-48 电子控制悬架系统

二、基本原理

电子控制单元（ECU）根据各个传感器输入的信号，经过运算分析后输出控制信号，使执行机构准确地动作，及时地改变悬架的刚度、阻尼系数和车身高度，以确保汽车行驶过程中的操纵稳定性和乘坐舒适性。

三、控制功能

（1）传感器用于检测汽车行驶的路面情况（汽车的振动）和汽车的车速、起动、加速、转向、制动等情况。并将其转变成电信号，输给电控单元（ECU）。

①车速感应控制：在车速很高时，控制器输出控制信号，使悬架的刚度和阻尼相应增大，以提高汽车高速行驶的操纵稳定性。

②前后轮相关控制：当汽车前轮在遇到路面接缝等单个的突起时，控制器输出控制信号，相应减少后轮悬架的刚度和阻尼，以减少车身振动和冲击。

③坏路面感应控制：当汽车进入坏路面行驶时，为抑制车身产生大的振动，控制器输出控制信号，相应增大悬架的刚度和阻尼。

（2）车身姿态控制主要是指在汽车车速突然改变及转向等情况下，控制器对悬架的刚度和阻尼实施控制，以抑制车身的过度摆动，从而确保乘坐的舒适性和操纵稳定性。车身姿态控制可分为转向车身侧倾控制、制动车身点头控制和起步车身俯仰控制。

①转向车身侧倾控制：在汽车急转弯时，增大悬架的刚度和阻尼，以抑制车身的侧倾。

②制动车身点头控制：在汽车紧急制动时，增大悬架刚度和阻尼，以抑制车身点头。

③起步车身俯仰控制：在突然起步或突然加速时，增加悬架的刚度和阻尼，以抑制车身的俯仰。

(3) 车身高度控制是指在汽车车速和路面情况变化时，控制器对悬架输出控制信号，调整车身高度，以确保汽车行驶的稳定性和通过性。车身高度控制有高速感应控制和连续坏路面行驶控制。

①高速感应控制：当车速超过一定速度时，为提高汽车行驶的稳定性和减少空气阻力，控制器发出信号，使排气阀和高度控制阀工作，气室排气，以降低车身高度。

②连续坏路面行驶控制：当汽车在坏路面行驶时，应提高车身，以减弱来自路面的突然抬起感，并提高汽车的通过性能。

任务2.3

车轮定位检测维修

任务引入

某顾客的迈腾 B8L 轿车左前轮出现单边磨损的问题，经省级技能大师李师傅综合诊断后，将问题锁定在车轮定位不准上，需对该车进行四轮定位检测。

学习目标

(1) 掌握四轮定位的作用及各参数的定义。

(2) 掌握四轮定位不良会引起的行驶故障。

(3) 掌握四轮定位检测的条件和方法。

(4) 掌握四轮定位各参数的调整方法。

(5) 能够完成四轮定位检测。

(6) 能够完成各参数的调整。

(7) 能够独立查阅维修手册，培养独立信息检索和数据分析的职业素养。

(8) 能够向技能大师学习，培养严谨、细致、专注、负责的工作态度和精益求精的大国工匠精神。

> 知识准备

2.3.1 车轮定位概述

2.3.1.1 四轮定位的作用

1. 车轮定位

为了保证车辆直线行驶的稳定性和操作的轻便性,减少轮胎和机件的磨损,转向车轮、转向节、前轴三者与车架在安装时应保持一定的相对位置关系,这种安装位置称为转向车轮定位。

2. 四轮定位

汽车的两前轮和两后轮、转向节、前轴三者与车架在安装时应保持一定的相对位置关系,这种安装位置称为四轮定位。

3. 四轮定位的作用

车辆在行驶过程中,减振器及关节部件的磨损,各部分机件在剧烈颠簸中松旷、变形或底盘在受到碰撞后变形,都会导致车辆的四轮定位参数发生变化。四轮定位的作用就是将已经偏离的定位参数调整到标准参数范围内,并且使左右两个车轮的定位参数的数值差距保持在最小的程度。这样可以有效地减少轮胎的损耗及悬挂系统的磨损,还可以提高车辆的转弯性能和直线行驶中的稳定性,保持转向盘的正直,维持直线行车及转向后转向盘的回正性能。

2.3.1.2 四轮定位的参数

1. 主销

主销是传统汽车上转向轮转向时的回转中心,是一根较粗的心轴。现在"主销"是指转向轮的转向"旋转轴线",即减振器上支撑中心与小面的转向球销中心的连线,如图 2-49 所示。

图 2-49 主销

2. 主销后倾角

在纵向平面内，相对于铅垂线，主销上部向后倾斜一定角度γ，这种现象称为主销后倾。这个角度称为主销后倾角，如图 2-50 所示。

主销向后倾斜其角度为正；主销向前倾斜其角度为负。现在汽车的主销后倾角一般在 2°～3°。

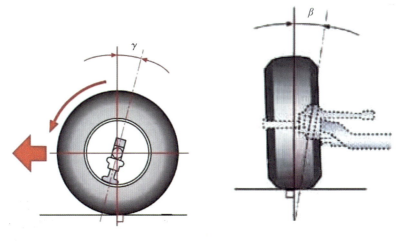

图 2-50 主销后倾角　　　图 2-51 主销内倾角

1）作用

汽车行驶时转向轮形成可自动回正的力矩，使汽车保持直线行驶，提高汽车的行驶稳定性。

2）影响

①主销后倾角太小造成汽车转向不稳定，转向后缺乏转向盘自动回正能力，车速高时容易发飘。

②主销后倾角不对称会造成车辆跑偏，跑偏方向为主销后倾角较小的一侧。

3. 主销内倾角

1）定义

在横向平面内，主销上部向内倾斜一个角度β，即主销轴线和地面垂直线在汽车横向平面内的夹角，称为主销内倾角，如图 2-51 所示。

2）作用

合理的主销内倾角可使汽车转向行驶时转向轻便，减小冲击力，同时具有一定的前轮自动回正作用，主销内倾角角度越大自动回正作用越强，但转向越费力，轮胎磨损越大。

3）影响

①主销内倾角大，回正作用强，但转向时费力，主销内倾角越大或前轮转角越大，则汽车前部抬起就越高，前轮的自动回正作用就越明显，转向轮的轮胎磨损也会越大。

②内倾角左右不相等时，车辆容易倾斜，将会出现因急加速时产生力矩转向，紧急制动时制动力不等而造成的制动跑偏等危险现象。

主销内倾角的回正作用几乎与车速无关，高速时主销后倾的回正作用起主导地位，而低速时则主要靠主销内倾起回正作用，此外，在直行中前轮偶尔遇到冲击而偏转时，也主要依靠主销内倾起回正作用。

4. 前束

1）定义

在汽车转向轴上，两个转向轮并非平行安装，两轮前边缘距离 B 小于后边缘距离 A，A 值减去 B 值即为前束，如图 2-52 所示。

2）作用

前轮前束角的作用是消除前轮外倾造成的前轮向外滚开的趋势，减少轮胎的磨损，保证汽车的行驶平顺性。当汽车为后轮驱动时，前轮通常具有前束，而当汽车为前轮驱动时，前轮则具有后束，这是为了在汽车行驶过程中补偿转向系和转向轮的变化。

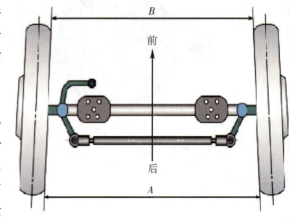

图 2-52 前束

5. 车轮外倾

1）定义

当车轮处于摆正的位置时，车轮中心平面与地面不垂直，而是向外倾斜一个角度 φ，这种现象称为车轮外倾，这个角度称为外倾角，如图 2-53 所示。当汽车顶部向汽车外部倾斜时角度为正，反之为负。

2）作用

车轮外倾角的主要作用是使车轮与地面的动态承载中心得到合理的分配，从而达到提高机械零件的使用寿命，减少轮胎的磨损等效果。

3）影响

（1）正外倾角过大会引起轮胎外侧单边磨损、悬

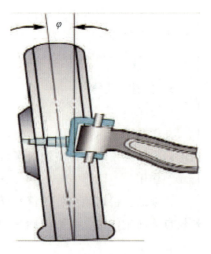

图 2-53 外倾角

架系统零件磨损加速和车辆跑偏，车辆会朝着正外倾角较大的一侧跑偏。

（2）负外倾角太大会引起轮胎里侧单边磨损、悬架系统零件磨损加速和车辆跑偏，车辆会朝着负外倾角较小的一侧跑偏。

2.3.1.3 四轮定位不良会引起的行驶故障

（1）转向盘过沉，原因是后倾角过大。

（2）转向盘发抖，原因是轮胎的静态或者动态不平衡、车轮中心点偏心产生凸轮效应。

（3）车辆行驶中跑偏，原因是车辆的左右后倾角或外倾角数值不相等、车身高度左右不相等、左右轮胎尺寸或气压不相等或轮胎变形。

（4）转向盘不正，原因是后轮前束不良造成斜推进线、转向系统不正。

（5）轮胎的非正常磨损包括轮胎块状磨损、羽毛状磨损、凸波状磨损和单边磨损。导致这些非正常磨损的原因大多是轮胎的前束和倾角的参数偏移。

2.3.1.4 四轮定位保养时间

汽车行驶一定的里程后都应该进行四轮定位，一般新车在行驶 1 000 km 或 3 个月后就应做四轮定位，此后每行驶 10 000 km 或 6 个月就需要四轮定位。车辆在行驶过程中出现车辆跑偏、转向盘位置不正、感觉车身发飘或有轻微摇摆、前后轮胎磨损等异常情况时，也要进行四轮定位检测。另外，更换轮胎或减振器及转向机构的部件、发生碰撞后都应及时为车辆进行四轮定位。

2.3.2 迈腾 B8L 轿车四轮定位检测

2.3.2.1 四轮定位说明

（1）仅允许使用品牌认可的四轮定位仪进行车轮定位。

（2）每次测量时必须测量前桥和后桥。

（3）只有在行驶里程达 1 000～2 000 km 后才适合进行汽车四轮定位，因为只有在此之后螺旋弹簧的沉降过程才结束。

（4）在进行调整工作时，应尽可能精确地达到相关额定值。

（5）如果在底盘上进行调节工作，必须检查是否对驾驶员辅助系统进行校准。

（6）在对故障为"汽车向一侧倾斜或跑偏"的车辆进行四轮定位时，必须检测齿条是否在中间位置。

2.3.2.2 检测的前提条件

（1）检查车轮悬架、车轮轴承、转向系是否有不允许的间隙和损坏。

（2）同一车桥上的轮胎花纹深度的最大允许偏差是 2 mm。

（3）有符合规定的轮胎充气压力。

(4)汽车空载重量满足要求。

(5)燃油箱必须装满。

(6)备用车轮和车载工具安装在汽车相应的位置上。

(7)车窗玻璃清洗装置的水箱必须装满。

(8)确保在测量过程中滑座和转盘都不在末端挡块处。

(9)注意事项：

①按规定安装和校正测量设备；注意设备制造商的操作说明。

②在对四轮定位台和四轮定位计算机进行保养的同时，每年应至少检测一次并在必要时进行调节。

2.3.2.3 测量准备

1. 测量准备(不包含辅助系统的四轮定位)

(1)进行轮辋偏位补偿。

(2)安装制动踏板加载装置 V.A.G 1869/2。

(3)用制动踏板加载装置压下制动踏板。

2. 测量准备(包含辅助系统的四轮定位)

只有在通过"快速登录"对汽车的一个或多个辅助系统进行了校准后(不包括先前的四轮定位)，才能执行下面的步骤：

(1)在将汽车开到四轮定位台上前，检查汽车与校准装置之间是否有足够大的调整工作面。校准装置和汽车之间的间距必须为 120 cm ± 2.5 cm。

(2)如果没有足够大的调整工作面，那么在四轮定位台上倒退车辆，从而获得相应的调整工作面。

(3)开始校准前请先读取故障存储器，必要时排除存在的故障。

(4)校正汽车功能正常，多次回弹并逐渐停止摆动。

(5)请注意，在四轮定位期间，滑板和转盘不得位于限位位置。

(6)连接蓄电池充电器。

(7)使前轮处于正前打直位置。

(8)将车辆诊断测试器连接在汽车上，将诊断导线穿过打开的车门玻璃。

(9)关闭车辆外部照明。

(10)关闭所有车门。

(11)在四轮定位计算机上激活用于进行相应校准的按钮。

2.3.2.4 四轮定位工作步骤

测量流程如图 2-54 所示。

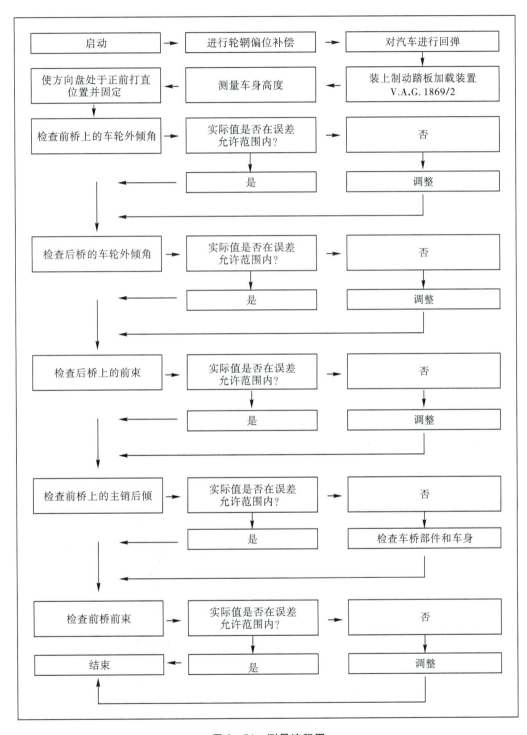

图 2-54 测量流程图

2.3.2.5　调整前桥的车轮外倾角

1. 调整

（1）拆卸隔音垫。

（2）拧出螺栓1，接着拧入一个新螺栓，但不要拧紧，如图2-55所示。

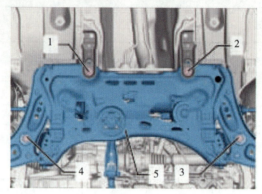

1，2，3，4—螺栓；5—副车架。

图2-55　副车架位置图

（3）拧出螺栓2，接着拧入一个新螺栓，但不要拧紧。

（4）拧出螺栓3，接着拧入一个新螺栓，但不要拧紧。

（5）拧出螺栓4，接着拧入一个新螺栓，但不要拧紧。

（6）然后通过推拉副车架将车轮外倾角调节到额定值。

①向侧面推移副车架，直至两侧的外倾角相等。

②拧紧副车架的螺栓1、2、3和4。

（7）在移动副车架后，必须检查转向柱的万向接头和排水槽前板的开口之间的自由度。

①拆卸驾驶员侧脚部空间盖板。

②向后翻起地板垫。

③必须确保万向节轴颈和前围板凹口之间至少有5 mm内的自由空间，如图2-56所示。

2. 注意事项

（1）车轮外倾角修正只能在车身维修之后进行。

（2）只能向左或向右推副车架，切勿在行驶方向或其反方向上进行。

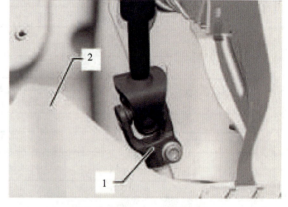

1—万向节轴颈；2—前围板凹口。

图2-56　转向柱万向节结构图

(3)副车架上的这些钻孔有公差范围,因而限制了车轮外倾角的调节。如果由于移动了副车架而达不到额定值,则必须检查副车架和车身。

(4)按规定力矩拧紧螺母。

2.3.2.6 调整后桥的车轮外倾角

1. 调整

(1)脱开副车架上上部横摆臂螺栓连接件的螺母A。

(2)通过旋转偏心螺栓的六边接头来调整车轮外倾角,如图2-57所示。

(3)用梅花扳手T10179以80 N·m的力矩拧紧螺母A。

(4)拧紧螺母A后,需要再次检查车轮外倾值(四轮定位的额定值)。

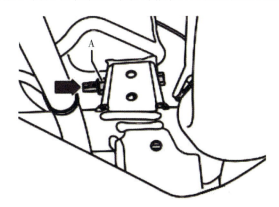

图2-57 后桥外倾角调整偏心螺栓

2. 注意事项

(1)从中间位置开始向左或向右的最大调整范围是90°。

(2)按规定力矩拧紧螺母。

2.3.2.7 调整后桥前束

1. 调整

(1)脱开螺母,如图2-58所示。

(2)旋转偏心螺栓,直至达到额定值。

2. 注意事项

(1)从中间位置开始向左或向右的最大调整范围是90°。

(2)按规定力矩拧紧螺母。

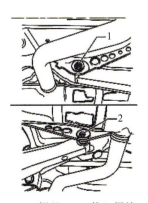

1—螺母;2—偏心螺栓。

图2-58 后桥前束调整偏心螺栓

2.3.2.8 调整前桥前束

1. 调整

(1) 脱开锁紧螺母，如图 2-59 所示。

(2) 通过旋转六角螺栓，分别调整左轮和右轮的前束。

(3) 拧紧锁紧螺母，然后再次检测前束值。拧紧锁紧螺母后，已调整的数值可能会略有偏差，如果测得的前束值仍在公差范围内，则调整正确。

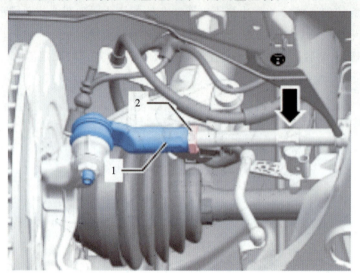

1—转向横拉杆头；2—锁紧螺母。

图 2-59　前桥前束调整

2. 注意事项

(1) 脱开或拧紧锁紧螺母时，必须用合适的工具卡住转向横拉杆头。

(2) 注意转向器上的密封波纹管是否无损坏和未扭转，被扭转的橡胶防尘套会很快磨损。

(3) 仅当汽车停放在地面上时，才拧紧螺纹件的锁紧螺母，转向横拉杆头必须与减振器的转向杆平行。

(4) 按规定力矩拧紧螺母。

任务实施

1. 作业说明

某顾客的迈腾 B8L 轿车左前轮出现单边磨损的问题，可能是前悬架部件损坏变形、四轮定位不准等原因造成的异常磨损，需对四轮进行定位检测。

2. 技术标准与要求

项目	具体内容
转向横拉杆锁紧螺母拧紧扭矩	
后桥外倾角调整偏心螺栓锁止螺母拧紧扭矩	
后桥前束调整偏心螺栓锁止螺母拧紧扭矩	
前桥外倾角额定值	
后桥外倾角额定值	
前桥前束额定值	
后桥前束额定值	

注：请学员查阅维修资料后填写。

3. 设备器材

(1)设备与零件总成。

_____

_____

(2)常用工具。

_____

_____

(3)耗材及其他。

_____

_____

注：请学员根据场地实际设备器材填写。

4. 作业流程

(1)做好安全防护，清洁工具设备。

(2)做好四轮定位测量的准备工作。

(3)进行四轮定位检测和调整。

5. 填写考核工单

一、查询并记录车辆信息						
品牌		整车型号		生产年月		
发动机型号		发动机排量		行驶里程		
查询用户手册，记录四轮定位检测						

二、四轮定位各参数检测值（检测数值需向考官报备）			
检查项目	检查情况		检查结果
前桥车轮外倾角	检测值		正常☐　调整☐
	额定值		
后桥车轮外倾角	检测值		正常☐　调整☐
	额定值		
后桥前束	检测值		正常☐　调整☐
	额定值		
前桥前束	检测值		正常☐　调整☐
	额定值		

三、四轮定位各参数调整步骤及紧固规格（调整后需向考官报备）			
前桥车轮外倾角调整步骤	第____章____节____页	扭力规格	
后桥车轮外倾角调整步骤	第____章____节____页	扭力规格	
后桥前束调整步骤	第____章____节____页	扭力规格	
前桥前束调整步骤	第____章____节____页	扭力规格	

自我测试

(1) 简述四轮定位各参数的定义。

_____
_____
_____
_____
_____
_____
_____
_____

(2) 简述四轮定位不良会引起的行驶故障。

_____
_____
_____
_____
_____
_____
_____
_____

(3) 简述前桥的车轮外倾角的调整步骤及注意事项。

_____
_____
_____
_____
_____
_____
_____
_____

拓展学习

汽车四轮定位检测维修技术

一、汽车四轮定位检测维修技术原理

在实际的应用中，四轮定位通过四轮定位仪，实现车轮的定位和恢复。根据汽车四轮定位仪的运用原理，规划出检测维修技术的运用，着重分析四轮定位仪在汽车四轮定位检测维修中的技术原理。首先四轮定位仪是由前车轮的传感器、后车轮的传感器，以及制动、转角盘、主机和转向盘组成的，当汽车需要执行四轮定位检测维修时，就通过车轮轮毂上安装的传感器实行定位操作，传感器会发出两对纵向信号和一对横向信号；然后汽车四轮转动时，车轮上会形成前束角，标记为 A，传感器会在非常快速的状态下，获取前束角 A 的值，并迅速把信息传送到四轮定位的主机中；最后前束角 $A=0$，是指已经完成了定位检测维修的操作，在 $A=0$ 之前，四轮定位仪要启动电子倾斜仪，获取车轮的两项数据，即主销后倾角、主销外倾角，运用主机分析四轮定位仪的数据，按照最终的数据，调整汽车的四轮，后续还要复核数据，完成四轮定位的检测和维修。

二、四轮定位检测维修技术应用

1. 检测技术

汽车四轮定位检测需要达到规范的标准，发挥出检测的作用。首先汽车整体，需保持在水平状态，检测人员把车辆固定到举升台面上，四轮升起到离地状态；然后检查汽车四轮的外部磨损状态，还要检测内部的气压值，在汽车四轮不均匀调整中，排除气压、磨损等因素，预防不合理的角度偏差；然后检测汽车四轮连接的前后悬架、车辆的转向系统，仔细检查后，发现是否存在零部件缺失、损坏的问题，检测人员运用修补、固定的方法，处理发现的零件缺陷；最后细化检查汽车四轮结构中的减振器、制动器，各项检查结果没有误差后，安排四轮定位仪进行准确度的检测，四轮定位仪检查的过程中，要适当地配合调整减振器，缓解环境复杂的压力，准确获取四轮定位的参数结果。

2. 维修技术

汽车四轮定位检测维修中，定位系统由不同的厂商开发，其在定位检测维修中，提供的参数也不同，需根据汽车的信息，设计出可用的参数，降低维修的难度。

3. 调整技术

在汽车四轮定位检测维修中，调整技术主要是指参数的调整，根据定位参数的测量，校准达不到规范标准的数据，调整的主要对象是汽车的悬架，进而完成四轮定位。

检测维修上，四轮定位仪具有引导、指导的作用，能够在显示屏上利用文字、图形等图标，引导维修人员的行为操作，对参数进行相关的调整。例如：定位仪可以根据汽车的型号、使用年限等，指导用户自行调整四轮定位的参数，促使四轮定位简单化。调整技术仅仅适用于支持此类功能的汽车，提供参数调整的参考点，才能运用汽车四轮定位检测维修中的调整技术，对汽车四轮进行规范化的调节，所以，近几年汽车得到了改进和调整，在四轮定位中，运用悬架支持调整技术，促使定位角变成可调的状态，不会影响汽车的安全度及可靠性。

汽车四轮定位检测维修中，按照调整技术配置可用的参数及零件，通过可行的调整方法，调整车轮的定位角。调整技术中，根据标准的参数，调节好各项数据，在调整汽车四轮倾角的过程中，注意前束角 A 的变化，及时调整好转向器的拉杆，补充汽车的四轮倾角，经过调整后重新测量，提高四轮定位参数调整的准确度。

4. 注意事项

①检测维修人员应按照四轮定位仪的要求，执行各项操作，降低检测维修中的数据偏差，避免发生失误操作，使检测能够保持在高度准确的状态，进而提高汽车四轮检测维修的成功概率；②检测维修期间，准确地连接汽车四轮定位仪的线路、部件等，避免检测结果发生误差；③四轮定位检测中，使用"四柱"举升机，维护汽车四轮定位检测的平台稳定，提升检测维修的精确度；④做好四轮检测维修的工作，避免发生电位差而干扰检修的合理性。

三、汽车四轮定位检测维修的误差分析

1. 外倾角参数误差

汽车车轮的外倾角参数，是诱发非直线行驶的主要原因，如果车辆制造厂家没有规定，就要去量汽车左右车轮的外倾角度，差值小于 $0.75°$。在分析和调整外倾角参数误差的过程中，先要明确可能出现的误区，分别是最小外倾角度、外倾角度参考值、最大外倾角度，在此基础上针对左右轮的定位，提出误差调整的范围。例如：准确的外倾角度参数是 $1°$，倾斜角的标准变化范围是 $-1/4°\sim +13/4°$，左轮可调整的范围是 $+1/4°$、$+1/2°$、$+3/4°$、$+1°$，右轮可调整的范围是 $+1°$、$+11/4°$、$+11/2°$、$+13/4°$，在此范围中，不会出现轮胎磨损、跑偏的问题。

2. 外倾角参数误差

四轮定位检测与维修中，参数基准不确定度，是误差中不可忽视的一项因素。一般情况下，汽车四轮定位仪，利用主机检测车辆的前束角 A 时，最先要确定出车轮的中心几何线，以几何线为基准，计算出前束角 A，经过对比才能分析参数基准的不确定度。当汽车四轮前束角的总值 $A=1/8$ 英寸（3.175 mm）时，个别的车轮，前束角是 1/16 英寸（1.5875 mm），车轮的预设前束角是 1/16 英寸（1.5875 mm），车轮在路面滚动的过程中，可以在保持前束角的状态下行驶，或者保持直线方向行驶，按照四轮定位仪的执行标准，促使推力线和几何中心线重合，才能准确地定位汽车四轮，促使汽车处于正常、稳定的行驶状态，维护汽车四轮的正常行驶性能，体现参数基准不确定度在汽车四轮定位检测维修误差控制中的运用。

任务 2.4

车轮和轮胎检测维修

任务引入

某顾客的迈腾 B8L 轿车最近在低速行驶时异响不明显,但在高速行驶时左前轮会发出均匀的嗡嗡声,经省级技能大师刘师傅综合诊断后,将问题锁定在车轮轴承上,需对左前轮轴承进行检修。

学习目标

(1)掌握车轮与轮胎的功用及结构。
(2)掌握胎压监测系统的分类、组成及工作原理。
(3)掌握车轮轴承的拆装方法。
(4)掌握胎压传感器的拆装方法。
(5)能够拆装车轮轴承。
(6)能够拆装检测胎压传感器。
(7)能够向技能大师学习,培养规范、负责、善于解决问题的工作能力。
(8)通过学习我国国产轮胎现阶段的成就,激发自身的爱国主义情感和民族自豪感。

知识准备

2.4.1 汽车车轮与轮胎概述

2.4.1.1 车轮总成组成与功用

汽车车轮总成如图2-60所示，由车轮和轮胎两大部分组成，是汽车行驶系的重要部件。其主要功用：

(1) 支承整车质量。

(2) 缓和由路面传递来的冲击载荷。

(3) 通过轮胎和路面之间的附着作用为汽车提供驱动力和制动力。

(4) 产生平衡汽车转向离心力的侧向力，以便汽车顺利转向，并通过轮胎产生的自动回正力矩，保证车轮直线行驶的能力。

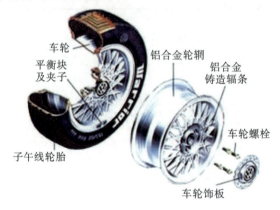

图2-60 车轮总成

2.4.1.2 车轮

1. 车轮的作用与组成

车轮是介于轮胎和车桥之间承受负荷的旋转组件，其功用是安装轮胎，承受轮胎与车桥之间的各种载荷的作用。

车轮一般是由轮辋和轮辐等组成的，如图2-61所示。轮毂通过圆锥滚子轴承装在车桥或转向节轴径上，用于连接车轮与车桥。轮辋用于安装和固定轮胎。轮辐用于将轮毂和轮辋连接起来，并通过螺栓与轮毂连接起来。

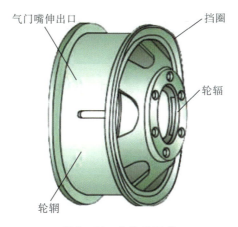

图 2-61　车轮的组成

2. 车轮构造

1）轮辐

按轮辐结构的不同，车轮可以分为两种形式：辐板式车轮和轮辐式车轮。

(1) 辐板式车轮。

目前，普通轿车和轻、中型货车普遍采用辐板式车轮，这种车轮由挡圈、轮辋、辐板和气门嘴伸出口组成。车轮中用以连接轮毂和轮辋的钢质圆盘称为辐板，大多是冲压制成的，少数是和轮毂铸成一体的。后者主要用于重型汽车。

(2) 辐条式车轮。

按辐条结构的不同，辐条式车轮又分为钢丝辐条式车轮和铸造辐条式车轮，如图2-62所示。钢丝辐条式车轮的结构与自行车车轮完全一样，由于其价格昂贵、维修安

(a) 钢丝辋条式车轮

(b) 铸造辐条式车轮

图 2-62　辐条式车轮

装不便，故仅用于赛车和某些高级轿车上。另外，辐条式车轮还不能与无内胎轮胎组合使用。铸造辐条式车轮，辐条与轮毂铸成一体，轮辋是用螺栓和特殊形状的衬块固

定在辐条上的,为了使轮辋和辐条很好地对中,在轮辋和辐条上都加工出配合锥面。

2)轮辋

(1)轮辋的类型和结构。

轮辋用于安装和固定轮胎。按其结构不同,轮辋常见的结构形式:深槽轮辋、平底轮辋和对开式轮辋,如图2-63所示。

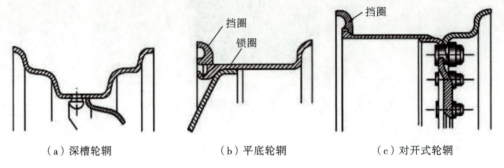

图2-63 轮辋的常见结构形式

(2)国产轮辋规格的表示方法。

国产轮辋规格用一组数字、字母和符号组合表示,分为几部分,各部分的含义及具体内容如图2-64所示。

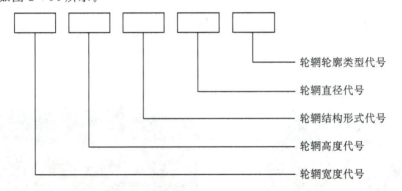

图2-64 国产轮辋规格

轮辋宽度代号:以数字表示,一般取小数点后两位,单位为英寸(当以毫米为单位时,要求轮胎与轮辋的单位一致)。

轮辋高度代号:用一个或几个字母表示,如C、D、E、F、J、K、L、V等。

轮辋结构形式代号:用符号"X"表示一件式轮辋;用"—"表示多件式轮辋。一件式轮辋是指轮辋为整体式的,只有一件,而多件式轮辋由轮辋体、挡圈、锁圈等多个部件组成。

轮辋直径代号:以数字表示,单位为英寸(当以毫米为单位时,要求轮胎与轮辋的单位一致)。

轮辋轮廓类型代号：用几个字母表示，每个代号表示不同的轮辋轮廓类型。

2.4.1.3 轮胎

1. 轮胎的功用和类型

1）功用

现代汽车都采用充气式轮胎，轮胎安装在轮辋上，直接与路面接触，其功用：

(1)支承汽车的质量。

(2)和汽车悬架共同缓和汽车行驶中所受到的冲击，并减弱由此而产生的振动，以保证汽车有良好的乘坐舒适性和行驶平顺性。

(3)保证车轮和路面有良好的附着性，以提高汽车的动力性、制动性和通过性。

2）类型

(1)按轮胎内空气压力的大小，轮胎分为高压胎(0.5～0.7 MPa)、低压胎(0.2～0.5 MPa)和超低压胎(0.2 MPa以下)三种。低压胎弹性好、减振性能强、壁薄散热性好、与地面接触面积大附着性好，因而广泛用于轿车。超低压胎在松软路面上具有良好的通过能力，多用于越野车及部分高级轿车。

(2)按轮胎有无内胎，轮胎分为有内胎轮胎和无内胎轮胎(俗称真空胎)两种。目前轿车上普遍采用无内胎轮胎。

(3)按胎体帘布层结构的不同，轮胎分为斜交轮胎和子午线轮胎。目前，子午线胎广泛应用在汽车上。

2. 轮胎的结构

1）有内胎的轮胎

有内胎的轮胎由外胎、内胎和垫带等组成，使用时安装在汽车车轮的轮辋上，如图2-65所示。

内胎是一个环形的橡胶管，上面装有气门嘴，以便充入或排出空气，为使内胎在充气状态下不产生褶皱，其尺寸应稍小于外胎的内壁尺寸。

垫带是一个环形的橡胶带，它垫在内胎与轮辋之间，以保护内胎不被轮辋和胎圈磨伤。

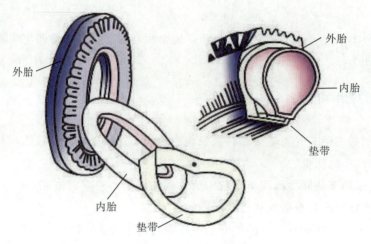

图 2-65 有内胎轮胎

2）无内胎的轮胎

无内胎轮胎俗称真空胎，在外观上与普通轮胎相似，但是没有内胎及垫带。它的气门嘴用橡胶垫圈和螺母直接固定在轮辋上，空气直接充入外胎中，其密封性由外胎和轮辋来保证，如图 2-66 所示。

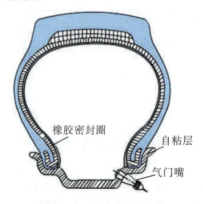

图 2-66 无内胎轮胎

无内胎轮胎的内壁有一层橡胶密封层，有的在该层下面还有一层自粘层，能自行将刺穿的孔黏合。在胎圈外侧也有一层橡胶密封层，用于加强胎圈与轮辋之间的气密性。无内胎轮胎一旦被刺破，穿孔不会扩大，故漏气缓慢，胎压不会急剧下降，仍能继续行驶一定距离，可消除爆胎的危险。因无内胎，所以摩擦生热少、散热快，适用于高速行驶；此外，结构简单，质量较轻，维修也方便。但密封层和自粘层易漏气，途中修理也较困难。无内胎轮胎必须配用深槽轮辋，故目前在轿车上应用较多。

3）外胎的结构

外胎由胎面、帘布层、缓冲层和胎圈组成，如图 2-67 所示。

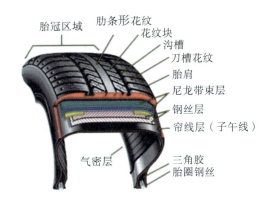

图 2-67 外胎的结构

(1)胎面。

胎面是轮胎的外表面,可分为胎冠、胎肩和胎侧三部分。

胎冠与路面直接接触,并产生附着力,使车辆行驶和制动。为使轮胎与地面有良好的附着性能,防止纵向、横向滑移,在胎面上制有各种形状的花纹。

胎肩是较厚的胎冠和较薄的胎侧间的过渡部分,一般也制有各种花纹,以提高该部位的散热性能。

胎侧又称胎壁,它由数层橡胶构成,覆盖轮胎两侧,保护内胎免受外部损坏。胎侧在行驶过程中,不断地在载荷作用下挠曲变形。胎侧上标有厂家名称、轮胎尺寸及其他资料。

(2)帘布层。

帘布层是外胎的骨架,主要用于承受载荷,保持外胎的形状和尺寸,并使其具有足够的强度。帘布层通常由成双数的多层帘布用橡胶贴合而成,相邻层的帘线交叉排列。帘布层数越多,轮胎的强度越大,但弹性越小。帘线可以是棉线、人造丝、尼龙和钢丝。

按照帘布层帘线排列方式的不同,外胎可以分为斜交轮胎和子午线轮胎,如图 2-68 所示。

斜交轮胎帘布层的帘线按一定角度交叉排列,帘线与轮胎横断面的交角通常为 50°。子午线轮胎帘布层帘线排列的方向与轮胎横断面一致,即垂直于轮胎胎面中心线,类似于地球仪上的子午线。子午线轮胎胎侧比斜交轮胎软,在径向上容易变形,可以增加轮胎的接地面积,即使在充足气后,两侧壁上也有一个特殊的凸起部,如图 2-69(b)所示。

子午线胎与斜交轮胎相比较具有行驶里程长、滚动阻力小、节约燃料、承载能力大、减振性能好、附着性能好、不易爆胎等优势,目前在汽车上应用广泛。

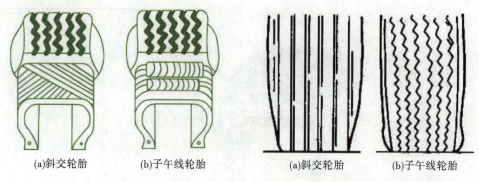

(a)斜交轮胎　　(b)子午线轮胎

图 2-68　轮胎的结构形式

(a)斜交轮胎　　(b)子午线轮胎

图 2-69　斜交轮胎与子午线轮胎胎侧比较

(3)缓冲层。

缓冲层夹在胎面和帘布层之间，由两层或数层较稀疏的帘布和橡胶制成，弹性较大。其作用是加强胎面与帘布层之间的结合，防止汽车紧急制动时胎面与帘布层脱离，并缓和汽车行驶时所受到的路面冲击。

(4)胎圈。

胎圈由钢丝圈、帘布层包边和胎圈包布组成，有很大的刚度和强度，可以使外胎牢固地安装在轮辋上。

3. 轮胎规格的表示方法

1)斜交轮胎的规格

我国和大多数国家一样，斜交轮胎的规格用 $B-d$ 表示，载货汽车斜交轮胎和轿车斜交轮胎的尺寸 B 和 d 均使用英寸为单位，例如 9.00-20 表示轮胎宽度为 9.00 英寸、轮胎内径为 20 英寸的斜交轮胎。

2)子午线轮胎的规格

以轿车轮胎的规格 185/60 R 14 91 V 为例进行说明(图 2-70)。

(1)185 表示轮胎宽度 185 mm。

(2)60 表示扁平比为 60%，扁平比为轮胎高度 H 与宽度 B 之比，有 60、65、70、75、80 五个级别。

(3)R 表示子午线轮胎，即"Radial"的第一个字母。

(4)14 表示轮辋直径为 14 英寸。

(5)91 表示轮胎的负荷指数，即最大载荷质量。

(6)V 表示轮胎的速度级别。

模块二
悬架系统检测维修

185 — 轮胎的宽度为185 mm；
60 — 轮胎的扁平比为60%；
R — 单词Radial，表示是子午线轮胎；
14 — 轮辋的直径为14英寸；
91 — 轮胎的负荷指数（或载重指数）；
V — 轮胎的速度级别。

图 2-70　轮胎规格

2.4.1.4　胎压监测系统

汽车胎压监测系统是一种能在汽车行驶过程中对汽车轮胎气压、温度进行自动检测，并对轮胎异常情况进行报警的预警系统，以确保行车安全。该系统一般由轮胎压力传感器、接收器、胎压监测控制模块及报警指示装置等组成，如图 2-71 所示。

图 2-71　胎压监测系统

1. 直接式胎压监测装置

直接式胎压监测装置利用安装在每一个轮胎里的压力传感器来直接测量轮胎的气压，利用无线发射器将压力信息从轮胎内部发送到中央接收器模块上的系统，然后对各轮胎气压数据进行显示。当轮胎气压太低或漏气时，系统会自动报警。常见的有内置式和外置式两种，如图 2-72 所示。

直接式胎压监测系统的好处：在每一个车轮上都安装有压力传感器和传输器，如果任何一个轮胎胎压低于驾驶员手册上推荐的冷胎胎压的 25%，便会警示驾驶人。其警示信号比较精确，而且如果轮胎被刺破，胎压快速降低，直接式胎压监测系统也能提供立即的警示。

另外即便是车胎缓慢地撒气，直接式胎压监测系统也能透过行车电脑感知到，直接让驾驶者从驾驶座上检视目前四只轮胎的胎压数字，从而实时了解到四个车轮的真实气压状况。

（a）内置式　　　　　　　　　　　（b）外置式

图 2-72　直接式胎压监测系统

2. 间接式胎压监测装置

间接式胎压监测的工作原理：当某个轮胎的气压降低时，车辆的重量会使该轮的滚动半径变小，导致其转速比其他车轮快，这样就可以通过比较轮胎之间的转速差，达到监视胎压的目的。间接式轮胎报警系统实际上是依靠计算轮胎滚动半径来对气压进行监测的。

间接式胎压监测装置的成本要比直接式低得多，它实际上是利用汽车 ABS 刹车系统上的速度传感器来比较四只轮胎的转动次数，如果其中一只轮胎胎压较低，这只轮胎的转动次数会和其他轮胎不同，只要车内计算机在软件上作调整，便可以建立新功能，警告驾驶人一只轮胎和其他三只相比胎压较低的信息。

这样使用间接式胎压监测装置的车辆就会出现两个问题：第一，绝大多数采用间接式胎压监测装置的车型都不能具体指示出具体是哪一只轮胎胎压不足；第二，如果四只轮胎的胎压同时在下降，那么这种装置也就失效了，而这种情况一般在在冬天气温下降时尤其明显。此外，当车子行驶过弯路时，外侧轮转动次数会大于内侧轮转动次数，或者轮胎在沙地或冰雪路面打滑时，特定轮胎旋转数会特别高。所以这种计算胎压的监测方法局限性较大。

2.4.3　迈腾 B8L 轿车车轮轴承单元与胎压传感器拆装

2.4.3.1　车轮轴承单元拆装

1. 拆卸

（1）拧下传动轴的螺栓。

(2)升高汽车,拆下车轮。

(3)拆下制动钳,用金属丝挂到车身上。

(4)拆下制动盘。

(5)拧下连接杆上的六角螺母,从稳定杆中拉出连接杆。

(6)拧下螺母,从主销中拉出摆臂。

(7)将传动轴的外万向节从轮毂上脱出。

(8)用绑扎钢丝将传动轴固定在车身上。

(9)重新将主销和摆臂拧在一起。

(10)如图2-73所示,拧出螺栓,从车轮轴承罩中取出车轮轴承单元。

图2-73 车轮轴承单元位置图

2. 安装

(1)安装以拆卸的倒序进行。

(2)注意事项:

①在空载位置拧紧螺母。

②按规定力矩拧紧螺母。

③放置车轮轴承单元时,车轮轴承必须始终朝上。

④车轮轴承单元应始终放在轮毂上。

⑤在拿起车轮轴承时切勿向内侧抓住,车轮轴承只能从外部抓住。

2.4.3.2 胎压传感器拆装

1. 拆卸

(1)升高汽车,拆下车轮。

(2)拆下辐板式车轮的轮胎。

(3)逆时针转动螺母,直到可以取下胎压传感器为止,如图2-74所示。

(4)拆卸金属气门嘴。

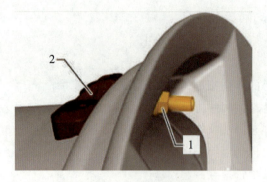

1—螺母；2—胎压传感器。

图 2-74　胎压传感器位置图

2. 安装

（1）安装以拆卸的倒序进行。

（2）注意事项：

①胎压传感器必须始终与金属气门嘴一起更换。

②新金属气门嘴与一个新螺栓作为一个维修套件供应。

③安装之后必须进行目检并检查是否牢固。胎压传感器拧紧后必须无间隙，且紧贴在轮辋深槽内的支撑脚上。

④按规定力矩拧紧螺母。

任务实施

1. 作业说明

某顾客的迈腾 B8L 轿车出现在低速行驶时异响不明显，在高速行驶时左前轮发出均匀嗡嗡声的问题，可能是半轴花键缺乏润滑、车轮轴承损坏等原因造成的异响，需对车轮轴承和半轴花键进行检修。

2. 技术标准与要求

项目	具体内容
制动器支架螺栓拧紧扭矩	
制动盘螺栓拧紧扭矩	
外万向节螺栓拧紧扭矩	
车轮轴承单元固定螺栓拧紧扭矩	
气门嘴锁紧螺母拧紧扭矩	

注：请学员查阅维修资料后填写。

3. 设备器材

(1)设备与零件总成。

_____

_____

(2)常用工具。

_____

_____

(3)耗材及其他。

_____

_____

注：请学员根据场地实际设备器材填写。

4. 作业流程

(1)做好安全防护，清洁总成及工具。

(2)检查胎压监测系统和车轮。

(3)拆装车轮及轮胎。

5. 填写考核工单

一、查询并记录车辆信息			
品牌		整车型号		生产年月	
发动机型号		发动机排量		行驶里程	
查询用户手册，记录车轮轴承单元及胎压传感器更换			

二、拆装步骤及紧固规格（拆卸后需向考官报备）			
车轮轴承单元	第___章___节___页	扭力规格	
胎压传感器	第___章___节___页	扭力规格	

三、检查车轮及相关部件		
检查项目	检查情况	维修措施
轮胎磨损	正常□ 异常□	更换□ 无□
轮胎花纹深度	标准值 / 测量值	更换□ 无□
车轮	变形□ 裂纹□ 锈蚀□ 无□	更换□ 无□
半轴花键	变形□ 裂纹□ 锈蚀□ 无□	更换□ 无□
胎压传感器	正常□ 损坏□	更换□ 无□
车轮轴承	变形□ 裂纹□ 锈蚀□ 无□	更换□ 无□

自我测试

(1) 简述轿车轮胎的规格 185/60 R 14 91 V 代表的含义。

(2) 简述胎压监测系统组成及直接式胎压传感器的工作原理。

(3) 简述车轮轴承单元的拆卸步骤。

拓展学习

汽车轮胎气压自动调节系统

一、系统结构

1. 高压储气轮辐

车轮轮辐除常规的功能外,还可将其设计为一个密封压力容器,内部可储空气,其压力高于轮胎额定压力,见图2-75。

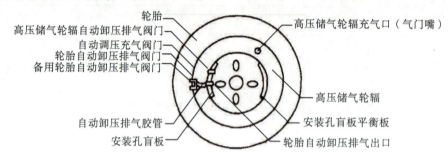

图2-75 轮胎气压自动调节系统车轮

2. 自动调压充气阀门

在高压储气轮辐壁上安装一个自动调压充气阀门,阀门的入口与轮辐储气仓相通,出口穿过轮辋与轮胎相通。当轮胎内的气压低于轮胎的额定压力时,充气阀门自动开启,由于轮辐内空气的压力高于轮胎内空气的压力,因而空气通过充气阀门由轮辐高压储气仓进入轮胎,随着轮胎空气的增加,轮胎内的压力也随之增加,当达到额定压力时,弹簧和低压舱(通轮胎)的额定气压推动活塞,将充气阀门自动关闭,完成轮胎的自动充气过程,使轮胎气压始终保持额定压力,如图2-76所示。

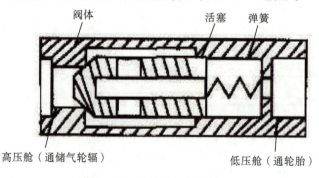

图2-76 自动调压充气阀门

3. 自动卸压排气阀门

当轮胎内气压高于额定压力时，卸压阀自动开启，空气从自动卸压排气阀门经自动卸压排气胶管、轮胎自动卸压排气出口自动排气，轮胎内压力随之下降。当压力降至额定值时，弹簧推动活塞，卸压阀自动关闭，排气停止，如图2-77所示。自动卸压排气阀门可始终保持轮胎内压力不高于轮胎额定压力，防止因气压过高导致爆胎。

为了防止车辆行驶时瞬间冲击造成压力过高而导致轮胎自动卸压，可在试验卸压阀工作性能时，将卸压阀门活塞行程适当加长，调节到最佳延迟卸压点。

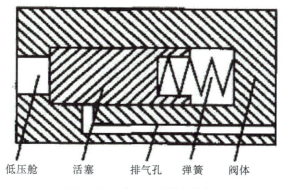

图2-77 自动卸压排气阀门

4. 备用自动卸压排气阀门

为防止卸压阀失灵不能卸压，同时高压储气轮辐与轮胎之间的充压阀失灵不能关闭，设置的备用自动卸压排气阀门可以进行自动卸压排气。

二、系统充气过程

系统充气时通过高压储气轮辐的气门嘴，给高压储气轮辐充气，如果此时轮胎压力低于设定值并且高压储气轮辐压力高于轮胎压力，自动调压充气阀门自动开启给轮胎充气。当轮胎压力达到设定值时，加压阀自动关闭。当高压储气轮辐压力达到设定值时，充气过程结束。

模块三
制动系统检测维修

任务 3.1

制动主缸检测维修

任务引入

某顾客的迈腾 B8L 轿车最近表现出制动不灵的问题，经省级技能大师祁师傅综合诊断后，将问题锁定在制动主缸上，需对车辆制动系的制动主缸进行检修。

学习目标

(1) 掌握制动系的功用与基本组成。
(2) 掌握制动系的工作原理与要求。
(3) 掌握制动主缸的拆装方法。
(4) 掌握制动主缸的检查方法。
(5) 掌握制动主缸向外渗漏制动液的检查方法。
(6) 能够检查制动主缸是否有故障，确定维修项目。
(7) 能够拆装制动主缸。
(8) 增强自身的工作责任心，提高检修制动主缸质量，确保车辆安全。
(9) 向技能大师学习，培养"干一行、爱一行、专一行、精一行，务实肯干、坚持不懈、精雕细琢"的工匠精神，争做能工巧匠，做社会主义事业接班人。

知识准备

3.1.1 汽车制动系概述

3.1.1.1 功用与组成

汽车制动系的功用：按照需要使汽车减速或在最短距离内停车；下坡行驶时保持车速稳定；使停驶的汽车可靠驻停。

当汽车行驶在宽阔平坦、车流和人流又较少的路况下，可以通过高速行驶提高运输生产效率。但汽车行驶过程中也会遇到复杂多变的路面状况，如进入弯道、行经不平道路、两车交会、突遇障碍物等，为了保证行驶安全，就要求汽车在尽可能短的距离内将车速降低，甚至停车。

此外，汽车下长坡时，在重力产生的下滑力作用下，汽车有不断加速到危险程度的趋势，此时应将车速限定在安全值内，并保持相对稳定；对停驶的车辆，特别是在坡道上停驶的汽车应使之可靠地驻留原地不动。

为完成汽车制动系的功用，现代汽车上一般设有以下几套独立的制动系。

1）行车制动系

用于使行驶中的车辆减速或停车，制动器安装在全部的车轮上，通常由驾驶员用脚操纵。

2）驻车制动系

用于使停驶的汽车驻留原地，通常由驾驶员用手操纵。

3）应急制动、安全制动和辅助制动系

应急制动装置是用独立的管路控制车轮的制动器。作为备用系统，其作用是在行车制动装置失效的情况下保证汽车仍能实现减速或停车。

安全制动装置是当制动气压不足时起制动作用的装置，其作用是使车辆无法行驶。

辅助制动装置是为了下长坡时减轻行车制动器的磨损而设的，其中利用发动机排气制动的装置应用最广。

汽车上设置有彼此独立的制动系统，它们起作用的时刻不同，但它们的组成却是相似的，一般由以下四个部分组成。

①供能装置：供给、调节制动所需的能量及改善传能介质状态的各种部件，如气压制动系中的空气压缩机。

②控制装置：产生制动动作和控制制动效果的各种部件，如制动踏板等。

③传动装置：将驾驶员或其他动力源的作用力传到制动器，同时控制制动器的工作，从而获得所需的制动力矩，包括制动主缸、制动轮缸等。

④制动器：产生阻碍车辆的运动或运动趋势的力的部件。

较为完善的制动系还包括制动力调节装置及报警装置、压力保护装置等。

3.1.1.2 工作原理

制动系统的一般工作原理是利用与车身（或车架）相连的非旋转元件之间的相互摩擦来阻止车轮的转动或转动的趋势。当制动系不工作时，蹄鼓间有间隙，车轮和制动鼓可自由旋转。需要汽车减速或停车时，驾驶员踩下制动器踏板，推杆和主缸活塞使主缸油液在一定压力下流入轮缸，并且两轮缸活塞使制动蹄绕支撑销转动，上端向两边分开，其摩擦片压紧在制动鼓的内圆面上。不转的制动蹄对旋转制动鼓产生摩擦力矩，从而产生制动力。当放开制动踏板时，回位弹簧立即将制动蹄拉回原位，制动力消失，如图 3-1 所示。

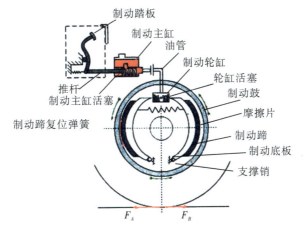

图 3-1 制动系工作原理

3.1.1.3 对制动系的要求

为了保证汽车的行驶安全，发挥高速行驶的能力，制动系必须满足下列要求。

（1）制动效能好。评价汽车制动效能的指标有制动距离、制动减速度、制动时间，即要求制动距离小，制动减速度大，制动时间短。

（2）操纵轻便，制动时的方向稳定性好。制动时，前后车轮制动力分配合理，左右车轮上的制动力应基本相等，以免汽车制动时发生跑偏和侧滑。

（3）制动平顺性好。制动力矩能迅速而平稳的增加，也能迅速而彻底的解除。

（4）散热性好。连续制动时，制动鼓和制动蹄上的摩擦片因高温引起的摩擦系数下降要小；水湿后恢复要快。

（5）对挂车的制动系，还要求挂车的制动作用略早于主车；挂车自行脱挂时能自动进行应急制动。

3.1.2 制动主缸

3.1.2.1 结构

制动主缸又称为制动总泵,它处于制动踏板与管路之间,其功用是将制动踏板输入的机械力转换成液压力。

串联式双腔制动主缸主要由储液罐、制动主缸外壳、前活塞、后活塞及前后活塞弹簧、推杆、皮碗等组成,如图3-2、图3-3所示。

图3-2 制动主缸

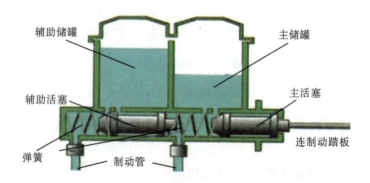

图3-3 串联式双腔制动主缸

主缸的壳体内装有前活塞、后活塞及回位弹簧,前后活塞分别用皮碗密封,前活塞用限位螺钉保证其正确位置。储油罐分别与主缸的前、后腔相通,前出油口、后出油口分别与轮缸相通,前活塞靠后活塞的液力推动,而后活塞直接由推杆推动。

3.1.2.2 工作原理

不制动时,两活塞前部皮碗均遮盖不住其旁通孔,制动液由储液罐进入主缸。

正常状态下制动时,操纵制动踏板,经推杆推动后活塞左移,在其皮碗遮盖住旁通孔之后,后腔制动液压力升高,制动液一方面经出油阀流入制动管路,一方面推动前活塞左移。在后腔液压和弹簧弹力的作用下，前活塞向左移动，前腔制动液压力也随之升高，制动液推开出油阀流入管路。于是两制动管路在等压下对汽车制动。

解除制动时，抬起制动踏板，活塞在弹簧作用下复位，高压制动液由制动管路流回制动主缸。如活塞复位过快，工作腔容积迅速增大，而制动管路中的制动液由于管路阻力的影响，来不及充分流回工作腔，使工作腔内油压快速下降，形成一定的真空度，于是储液罐中的油液便经补偿孔和活塞上的轴向小孔推开垫片及皮碗进入工作腔。当活塞完全复位时，旁通孔开放，制动管路中流回工作腔的多余油液经补偿孔流回储液罐。

若与前腔连接的制动管路损坏漏油，则在踩下制动踏板时只有后腔中能建立液压，前腔中无压力。此时，在压力差的作用下，前活塞迅速移到其前端顶到主缸缸体上。此后，后工作腔中液压方能升高到制动所需的值。若与后腔连接的制动管路损坏漏油，则在踩下制动踏板时，起先只是后活塞前移，而不能推动前活塞，因而后腔制动液液压不能建立。但在后活塞直接顶触前活塞时，前活塞前移，使前腔建立必要的制动液压。

3.1.2.3 检修

(1)检查制动液储液罐是否破损，出现破损应更换。
(2)检查制动主缸管路或管接头是否漏油，如是应更换或紧固。
(3)检查泵体内孔和活塞表面，其表面不得有划伤和腐蚀；用内径表检查泵体内孔的直径，用千分尺检查活塞的外径，并计算出内孔与活塞之间的间隙值，其标准值为0~0.106 mm，使用极限为0.15 mm，超过极限应更换。
(4)检查制动主缸皮碗、密封圈是否老化、损坏、磨损，如是应更换。

3.1.3 迈腾 B8L 轿车制动主缸拆装

1. 拆卸

(1)对于已编码收音机的车辆要注意编码，必要时可询问。
(2)断开蓄电池。
(3)拆卸蓄电池和支架。
(4)将足够多的非纤维抹布放在发动机和变速箱区域内。
(5)用制动液加注和排气装置 V.A.S 5234 从制动液储液罐中抽出尽量多的制动液，如图 3-4、图 3-5 所示。
(6)脱开线束固定卡，如图 3-6 所示。
(7)将电气连接插头从制动液液位警告信号触点上拔下，将电气连接插头从真空传感器上拔下，将电气连接

图 3-4 制动液加注和排气装置

插头从制动信号灯开关上拔下,如图 3-7 所示。

(8)拧出星形螺栓,然后将制动液储液罐从密封塞上拔下,如图 3-8 所示。

图 3-5 抽出制动液

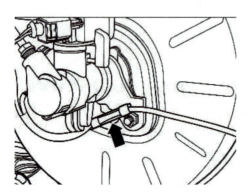

图 3-6 脱开线束固定卡

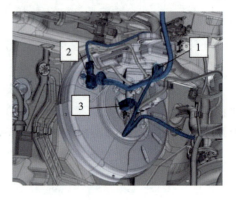

1,2,3—电气连接插头。

图 3-7 拔下电气连接插头

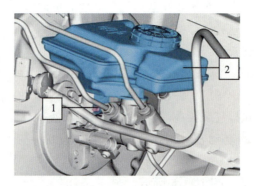

1—星形螺栓;2—制动液储液罐。

图 3-8 拔下制动液储液罐

（9）拧下制动主缸上的制动管路，用维修套件中的密封塞密封制动管路，拧下制动主缸的六角螺母，如果有的话拆下隔热板，小心地从制动助力器中取出制动主缸，从制动主缸上拧下制动信号灯开关，如图 3-9 所示。

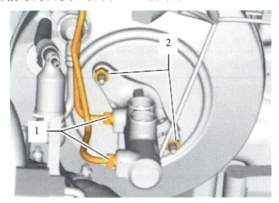

1—制动管路；2—制动主缸的六角螺母。
图 3-9　拆卸制动主缸

2. 安装

（1）安装以拆卸的倒序进行。
（2）注意事项：
①组装制动主缸及制动助力器时，注意推杆在制动主缸中的正确位置。
②密封件必须位于离合器主缸补液软管内。
③对制动系统进行排气。
④按规定力矩拧紧螺栓、螺母。

任务实施

1. 作业说明

某顾客的迈腾 B8L 轿车出现制动不灵的问题，可能是制动踏板至制动主缸的连接松脱、制动液变质、制动主缸储液罐内存油不足或无油、制动主缸管路或管接头漏油、制动主缸的活塞及泵体内孔磨损过度、制动主缸的皮碗老化或磨损、制动主缸的进油孔及储液罐的通气孔堵塞、制动主缸的出油阀及回油阀不密封或活塞回位弹簧预紧力太小等原因造成的，需要检查制动主缸相关连接、管路、油液或拆下制动主缸进行检修。

2. 技术标准与要求

项目	具体内容
制动主缸六角螺母拧紧扭矩	
制动主缸制动管路拧紧扭矩	
制动液储液罐星形螺栓拧紧力矩	

注：请学员查阅维修资料后填写。

3. 设备器材

（1）设备与零件总成。

_____

_____

（2）常用工具。

_____

_____

（3）耗材及其他。

_____

_____

注：请学员根据场地实际设备器材填写。

4. 作业流程

（1）做好安全防护，清洁总成及工具。

（2）检查制动主缸相关连接、管路、油液等。

（3）拆装制动主缸。

5. 填写考核工单

一、查询并记录车辆及制动系统信息			
车辆型号		生产日期	
制动系统版本		行驶里程	
查询用户手册，记录制动系统保养项目里程及周期			

二、检查制动主缸相关连接、管路、油液	
检查项目	检查结果
制动踏板至制动主缸的连接是否松脱	是☐　　否☐
制动液是否变质	是☐　　否☐
制动主缸储液罐内存油是否不足或无油	是☐　　否☐
制动主缸管路或管接头是否漏油	是☐　　否☐

三、拆装步骤及紧固规格（拆卸后需向考官报备）		
制动主缸拆装步骤	___模块___任务___页	制动主缸六角螺母、制动主缸制动管路、制动液储液罐星形螺栓扭力规格

四、检查制动主缸	
检查项目	检查结果
制动主缸的皮碗是否老化或磨损	是☐　　否☐
制动主缸的进油孔及储液罐的通气孔是否堵塞	是☐　　否☐
制动主缸的出油阀、回油阀是否不密封	是☐　　否☐
泵体内孔与活塞之间的间隙值	标准值： 测量值：	正常☐　　异常☐

自我测试

(1) 简述汽车制动系的功用与组成。

(2) 试分析制动主缸的工作原理。

(3) 简述制动主缸的拆卸步骤。

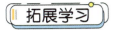

汽车制动主缸活塞部件拧紧新工艺

汽车制动主缸活塞部件的拧紧装配工作，是汽车制动系统生产装配的重要环节之一。传统的主缸活塞部件拧紧装配工具，多以电动扳手、气动扳手、扭矩扳手为主。该类拧紧工具需要人工进行手持式操作，功能单一，效率低下，操作过程复杂烦琐且具有一定的冲击力，无法准确保证活塞产品相关性能参数的合格性，不符合我国自动化生产的发展要求。为了提高活塞部件的拧紧装配效率及精度，降低操作人员的劳动强度，一种汽车制动主缸活塞部件拧紧新工艺应运而生。

运用汽车制动主缸活塞部件拧紧新工艺制造的设备为一种多功能的汽车制动主缸活塞部件拧紧设备。该设备采用固定工位的方式，将活塞部件拧紧力矩监测、拧紧尺寸检测等多种功能融合在一起，具有效率高、模块化、功能集成、操作简单等特点。

为了实现拧紧机设备功能的集成化及对活塞部件较高的拧紧装配精度，该工艺采用机、电、气相结合的模块化、多工位的设计方案。首先将设备整体划分为压装、拧紧、尺寸复检三个工位，在各工位上端安装气压驱动装置，可以实现双向驱动，并基于人机工程学的相关设计理念，对各工位进行合理的安装布局。其次，在拧紧工位底端安装伺服电动机传动装置，采用脉冲-位置的控制方式，保证活塞部件的拧紧尺寸精度。拧紧过程中，配合上端预压气缸，自上而下地完成活塞部件的拧紧工作，并搭配扭矩传感器，通过F-V频压转换技术，实现对活塞部件拧紧力矩的实时监测功能。最后，在拧紧、尺寸复检两工位上均装配位移传感器，结合TIL信号差分转换技术和PLC内部高速计数功能，分别实现对活塞部件拧紧装配过程中拧紧尺寸的实时观测及装配完毕的活塞总成产品半高尺寸及全行程尺寸的复检功能。以RS232的通信方式在PLC控制器与触摸屏之间建立通信关系，并设计控制操作方式为可手/自动切换的HMI人机界面，可在不同状态要求下完成活塞部件的拧紧装配工作，实现了较高的拧紧装配精度、生产工作效率、功能集成化程度。

任务 3.2

制动液管路和软管检测维修

任务引入

某顾客的迈腾 B8L 轿车最近表现出制动不灵的问题，经省级技能大师孙师傅综合诊断后，将问题锁定在制动液管路和软管，需对车辆制动系的制动液管路和软管进行检修。

学习目标

(1) 了解制动管路和管接头的检查细则。

(2) 了解柔性制动软管的检查细则。

(3) 掌握制动管的拆装方法。

(4) 掌握制动液的选用、检查、存储和更换方法。

(5) 掌握制动管路和软管的检查方法。

(6) 能够检查制动管路和管接头是否泄漏、压凹、扭结、破裂、膨胀或磨损、松动。

(7) 能够更换制动管、软管、管接头和支架。

(8) 能够选用、处理、存储和更换制动液。

(9) 能够检查制动管路和软管的路径是否正确。

(10) 加强同学间的交流与沟通，培养团结协作精神，提高制动液管路和软管的检修质量。

(11) 能够熟悉我国"碳达峰、碳中和"相关政策，科学使用与检修汽车，控制碳排放，培养节能、环保意识。

> 知识准备

3.2.1 制动传动装置概述

3.2.1.1 功用与分类

制动传动装置的功用是将驾驶员或其他动力源的作用传到制动器,同时控制制动器的工作,从而获得所需要的制动力矩。

制动传动装置按传力介质的不同可分为液压式、气压式和气-液综合式;按制动管路的套数可分为单管路和双管路制动传动装置。

3.2.1.2 液压式制动传动装置

液压式制动传动装置是利用制动液将制动踏板力转换为制动液压力,通过管路传至车轮制动器,再将制动液压力转变为制动蹄张开的机械推力的装置。

1. 基本组成

液压式制动传动装置由制动踏板、主缸推杆、制动主缸、储液罐、制动轮缸、油管、制动灯开关、指示灯、比例阀等组成,如图 3-10 所示。

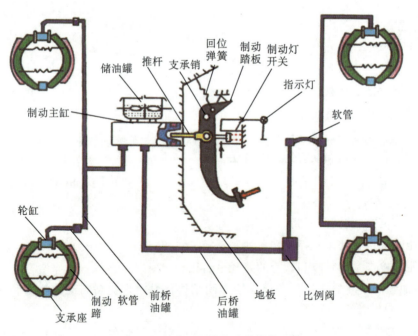

图 3-10 液压制动传动装置的组成

2. 工作原理

液压制动传动装置以帕斯卡定律为基础，并且在传力过程中对驾驶员的踏板力进行了放大，使传递到制动轮缸及制动蹄上的制动力大于踏板力。如果以 10 kg 脚踏力踩制动踏板，踏板与支点的力臂相当于主缸活塞与支点力臂的 3 倍，则作用到制动主缸活塞上的力为 30 kg。如果主缸活塞的截面积为 2 cm^2，而轮缸活塞的截面积为 4 cm^2，那么，推动车轮制动蹄的力可达 60 kg。

3. 类型

双管路液压制动传动装置是利用彼此独立的双腔制动主缸，通过两套独立管路、分别控制两桥或三桥的车轮制动器。其特点是若其中一套管路发生故障而失效时，另一套管路仍能继续起制动作用，从而提高了汽车制动的可靠性和行车的安全性。

双管路的布置方案在各型汽车上各有不同，常见的有前后独立式和交叉式两种形式。

1）前后独立式

前后独立式双管路液压制动传动装置是由双腔制动主缸，通过两套独立的管路分别控制前桥和后桥的车轮制动器。这种布置方式结构简单，如果其中一套管路损坏漏油，另一套仍能起作用，但会破坏前后桥制动力分配的比例，主要用于发动机前置后轮驱动的汽车，如图 3-11 所示。

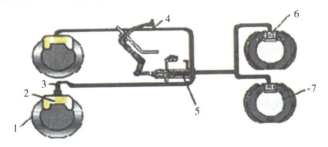

1，7—制动器；2—制动钳；3—油管；4—制动踏板；5—制动主缸；6—制动轮缸。

图 3-11 前后独立式双管路液压制动传动装置

2）交叉式（也称为对角线式）

交叉式双管路液压制动传动装置由双腔制动主缸，通过两套独立的管路分别控制前后桥对角线方向的两个车轮。这种布置方式在任一管路失效时，仍能保持一半的制动力，且前后桥制动力分配比例保持不变，有利于提高制动方向的稳定性，主要用于发动机前置前轮驱动的轿车，如图 3-12 所示。

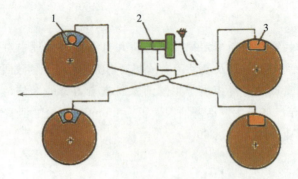

1—盘式制动器；2—双腔制动主缸；3—鼓式制动器。

图 3-12　交叉式双管路液压制动传动装置

3.2.1.3　液压传动装置的放气

液压制动系统中如果渗入空气，制动时系统中的空气被压缩，就会造成踏板行程增加，踏板发软，影响制动效果。在维修过程中，由于拆检液压制动系统、接头松动或制动液不足等原因，造成空气进入管路时，应及时将系统中的空气排出。

3.2.1.4　液力制动的特点

液力制动柔和灵敏，结构简单，使用方便，不消耗发动机功率，但操纵较费力，制动力不是很大，制动液流动性差，高温易产生气阻，如有空气侵入或漏油会降低制动效能甚至制动失效。

3.2.2　制动液

汽车制动液又称为刹车油或刹车液，由基础油或基础液及各种添加剂组成，是用于汽车液压制动系统传递压力，使车轮制动器实现制动作用的一种功能性液体。汽车制动液在制动系统中传递压力，其制动工作压力一般为 2 MPa，高的可达 4~5 MPa。

汽车发动机技术水平的不断提高、道路交通条件的改善、高速公路的发展，以及汽车制动系统结构的改进，对制动液的性能要求越来越高。由于汽车制动液的质量性能指标的高低直接关系到车辆的行驶安全。因此，必须按照车辆技术性能要求，使用相应质量等级的制动液。

3.2.2.1　性能要求

汽车制动液担负着汽车制动系统中绝大部分的传递压力的重要作用，为保证汽车安全行驶的必要条件，要求其安全可靠、质量高、性能好、四季通用。其主要性能要求有以下几点。

（1）保证制动迅速而准确。这就要求制动液在使用范围内有良好的流动性，并且为保证制动缸和橡皮碗能很好地滑动，还要求制动液具有润滑性。同时，要求黏度随温度变化小。

(2) 保证制动安全可靠(不产生气阻)。现代高速汽车的行驶制动比较多，同时产生大量的摩擦热，使制动系统温度升高，有时可达 150 ℃ 以上，如果使用沸点低的制动液，在高温时汽车液压制动系统易产生气阻，引起制动失灵。平衡回流沸点是指在规定试验条件下测得的制动液的沸腾温度。平衡回流沸点高，制动液才有可能有高温性能，但并不是所有平衡回流沸点高的制动液都具有优良的高温性能。制动液遇潮吸水后会使沸点下降，只有在平衡回流沸点和湿平衡回流沸点都高的情况下，制动液的高温性能才好。湿平衡回流沸点是指在规定的试验条件下，加入一定量水分后测得的平衡回流沸点，它是衡量制动液在吸收一定水分的情况下的耐高温性能指标。

(3) 化学安定性好。制动液不产生热分解和重合而使油品增黏，也不允许生成油泥沉淀物；不产生腐蚀作用，不能有胶质产生；互溶性要好。

(4) 皮碗膨胀率小。在汽车制动系统中，为了保证制动液不渗漏，并传递制动能量，使用了多种橡胶零部件。制动液直接与这些橡胶部件相接触，为了保证这些橡胶件正常工作，不引起过度的软化、溶胀、溶解、固化和收缩，要求制动液具有良好的橡胶适应性能。

(5) 腐蚀要合格。汽车制动系统中与制动液接触的金属管路和零部件较多，并涉及多种金属元素，为了保证这些零部件不被破坏，制动液必须具有优良的金属防护性能，以减少和控制车辆制动系统金属腐蚀现象的发生，确保其能长期正常、可靠的工作，保证车辆行驶安全。制动液在储存和使用过程中会发生氧化，生成一定量的酸性物质，为了使其具有适当的中和酸性物质的能力，减小对金属的腐蚀性，制动液应具有一定的碱性和储备碱度，标准要求 pH 为 7.0～11.50。

(6) 不产生分层和沉淀。溶水性指标主要用来评定水分对制动液性能的影响，即在标准规定条件下观察其是否分层、是否有沉淀物及透明度等现象。制动液在储存一定时间后，由于其对金属包装罐焊料的侵蚀作用而产生铅盐，在进行溶水性试验时，铅盐化合物会水解生成沉淀物。

此外，还要求制动液有适宜的黏度和良好的低温流动性。

3.2.2.2 分类

制动液由基础油、溶剂、添加剂组成。一般来说，基础液和溶剂分别占总量的 20%～50% 和 40%～80%，添加剂占总量的 0.5%～5%。

自从 20 世纪 30 年代汽车开始使用制动液以来，汽车制动液的发展经历了三个品种类型，即蓖麻油醇型制动液、矿物油型制动液和合成型制动液。目前，国内外的汽车制动液基本为合成型制动液。按其合成原料不同，汽车制动液有醇醚型和酯型两种。

合成型制动液是以有机溶剂中醇、醚和酯为基础，加入添加剂调制而成的。基础溶剂有单元和多元组分，国内外厂家多采用乙二醇醚、二乙二醇醚、三乙二醇醚、水溶性聚醚等。合成制动液的成分比较复杂，性质差异很大。

3.2.2.3 规格

1. 国外典型制动液的规格

国外典型的制动液有按美国联邦政府运输安全部（DOT）制定的联邦机动车辆安全标准（FMVSS）生产的 DOT 系列的 DOT3、DOT4、DOT5 等典型产品；按美国汽车工程师协会（SAE）标准生产的 SAE 系列的 J1703e、J1703f 等典型产品。其中，DOT 标准已被国际标准 ISO 所采用。

2. 国内制动液的规格

我国现行的制动液国家标准是《机动车辆制动液》（GB12981—2012）。根据《机动车辆制动液》（GB 12981—2012），制动液分为 HZY3、HZY4、HZY5、HZY6 四级。其中，H、Z、Y 分别为"合成""制动""液体"三个词组第一个汉字的拼音首字母。

3.2.2.4 选用

1. 汽车制动液的选用原则

（1）选用的制动液产品质量等级应等于或高于车辆制造厂家规定的制动液质量等级。

（2）所选用的制动液产品类型应与车辆制造厂家规定的制动液产品类型相同。

（3）尽量选择正规厂家生产的性能稳定、质量有保证的制动液产品。

（4）选择合成制动液。按《机动车辆制动液》（GB 12981—2012）规定，HZY 系列制动液主要特性和推荐使用范围见表 3-1。

表 3-1 HZY 系列汽车制动液的主要特性和推荐使用范围

级别	制动液的主要特性	推荐使用范围
HZY3	具有良好的高温抗气阻性能和优良的低温性能	相当于 DOT3 的水平，我国广泛地区均可使用
HZY4	具有优良的高温抗气阻性能和良好的低温性能	相当于 DOT4 的水平，我国广泛地区均可使用
HZY5	具有优异的高温抗气阻性能和低温性能	相当于 DOT5 的水平，供有特殊要求的车辆使用

2. 汽车制动液的使用注意事项

制动液使用一定时间后会因吸湿、化学变化等原因使性能指标降低，从而影响制动的灵敏性，因此使用中的制动液应定期更换。在使用过程中还要注意以下问题。

（1）不同类型和牌号的制动液绝对不能混存、混用，否则会因制动液分层而失去制动功用。存放制动液的容器应密封良好，防止水分混入和吸收水汽，使沸点降低，也不要露天存放和靠近热源，以免变质失效。制动液属易燃品，应注意防火。

（2）汽车制动液使用之前，应予检查，如发现有杂质及白色沉淀等，应过滤后再用；灌装制动液的工具和容器应当专用；更换油液时应将制动系清洗干净，勿使矿物油制动液混入；更换主缸或轮缸的活塞皮碗的同时也要更换制动液。

（3）在使用过程中要注意是否有异常情况发生。如果制动过程中发现有制动费力、踩制动踏板有踏空的感觉、制动效果不正常等问题，应立即检查。

（4）制动液有腐蚀性，使用时注意不得滴漏到其他零件上。合成制动液会对油漆产生分解反应，应避免与油漆接触。

（5）汽车使用中，应定期检查总泵储液罐中的液面高度，必要时予以添加，不可加注或混用其他牌号的制动液，以免导致制动系统出现故障。

（6）汽车制动液多以有机溶剂制成，易挥发、易燃。因此，管理和使用中要注意防火。

3.2.3　迈腾 B8L 轿车制动液更换

1. 需要的主要工具和设备

更换制动液需要用到的工具与设备有扭矩扳手 V.A.S 6854、制动液加注和排气装置 V.A.S 5234、制动液排气工具 V.A.S 6564，如图 3-13 所示。

VAS 6854

VAS 6564

图 3-13　更换制动液需要用到的工具

2. 主要步骤

（1）抽出制动液。

① 从制动液储液罐上拧下封闭盖，如图 3-14 所示。

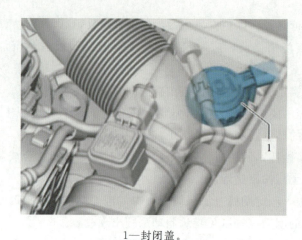

1—封闭盖。

图3-14 拧下封闭盖

②用制动液加注和排气装置通过制动液储液罐中的滤网尽可能地抽吸出制动液,如图3-15所示。抽吸过程中不得取下制动液储液罐上的滤网,抽完以后,制动液没有溢出滤网(储液罐的制动液液位必须与滤网的下边缘齐平)。

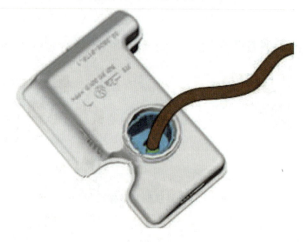

1—滤网;2—制动液。

图3-15 抽吸出制动液

(2)连接制动液加注和排气装置。

①将适配接头拧到制动液储液罐上,如图3-16所示。

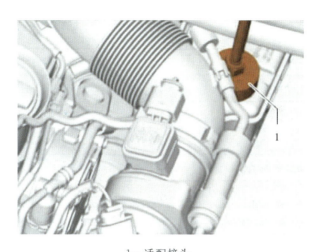

1—适配接头。

图 3-16 将适配接头拧到制动液储液罐上

②在制动液加注和排气装置上设定正确的压力并开启制动液加注和排气装置。为了避免空气进入制动系统，必须把排气软管紧紧固定在排气螺栓上。制动液储液罐中的制动液必须始终充足，从而保证不会有空气进入制动系统。

(3)前桥。

①拔出左前制动钳排气螺栓的盖罩，如图 3-17 所示。

②将收集瓶的排气软管插到左前排气阀上，如图 3-18 所示。

③打开排气阀，流出相应量的制动液，见表 3-2。

④关闭排气螺栓。

⑤将制动钳排气螺栓的盖罩套回。

⑥在右前制动钳上重复该工作步骤。

1—制动钳排气螺栓盖罩。

图 3-17 拔出左前制动钳上的排气螺栓的盖罩

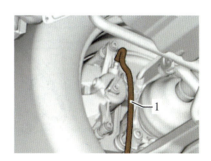

1—排气软管。

图 3-18 将收集瓶的排气软管插到左前排气阀上

表 3-2　回收制动液量

顺序/排气阀	必须从排气阀中排出的制动液量
制动钳	
左前	0.20 L
右前	0.20 L
车轮制动缸／制动钳	
左后	0.30 L
右后	0.30 L

(4) 后桥。

① 拆下后车轮。

② 拔下左后制动钳排气阀的盖罩，如图 3-19 所示。

1—制动钳排气阀盖罩。

图 3-19　拔下左后制动钳排气阀的盖罩

③ 将排气瓶的排气软管插到制动钳的排气阀上，如图 3-20 所示。

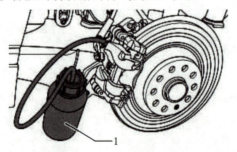

1—排气瓶。

图 3-20　将排气瓶的排气软管插到制动钳的排气阀上

④ 打开排气阀，流出相应量的制动液。

⑤ 关闭排气阀。

⑥重新盖上左前制动钳排气阀上的盖罩。
⑦在汽车右后侧重复此工作步骤。
⑧结束排气过程后,踩几次制动踏板。
⑨关闭制动液加注和排气装置。
⑩从转接头上取下加注软管,从制动液储液罐上拧下适配接头。检测制动液液位,必要时予以校正。制动液液位必须位于位置1和2之间,如图3-21。拧上制动液储液罐的封盖。试车时,进行一次功能检查。

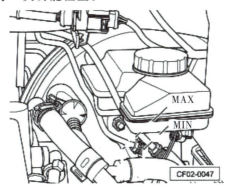

图3-21 检查制动液液位

任务实施

1. 作业说明

某顾客的迈腾B8L轿车出现制动不灵的问题,可能是制动液变质、制动管路和软管损坏漏油、管路内进入空气或制动液气化产生了气阻等原因造成的,需要检查制动管路软管、制动液并进行检修。

2. 技术标准与要求

项目	具体内容
左前制动钳回收制动液量	
右前制动钳回收制动液量	
左后制动钳回收制动液量	
右后制动钳回收制动液量	
关闭排气阀扭矩	

注:请学员查阅维修资料后填写。

3. 设备器材

(1)设备与零件总成。

_____

_____

(2)常用工具。

_____

_____

(3)耗材及其他。

_____

_____

注：请学员根据场地实际设备器材填写。

4. 作业流程

(1)做好安全防护，清洁总成及工具。

(2)检查制动液管路、软管、油液等。

(3)更换制动液。

5. 填写考核工单

一、查询并记录车辆及制动系统信息			
车辆型号		生产日期	
制动系统版本		行驶里程	
查询用户手册,记录制动系统保养项目里程及周期			

二、检查制动管路、软管、油液	
检查项目	检查结果
制动踏板至制动主缸的连接是否松脱	是□ 否□
制动管路、软管是否损坏漏油	是□ 否□
制动主缸储液罐内是否存油不足或无油	是□ 否□
制动液是否变质	是□ 否□

三、更换制动液(抽出制动液后需向考官报备)	
制动液更换步骤	_____模块_____任务_____页
关闭前、后制动钳排气阀扭矩	
左前制动钳回收制动液量	
右前制动钳回收制动液量	
左后制动钳回收制动液量	
右后制动钳回收制动液量	

自我测试

(1) 简述制动传动装置的功用与组成。

(2) 试分析制动传动装置的工作原理。

(3) 简述制动液的更换步骤。

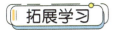

汽车制动轮缸

制动轮缸的作用是将制动主缸传来的液压力转变为使制动蹄张开的机械推力。

1. 类型

常见的制动轮缸类型有双活塞式、单活塞式、阶梯式等,如图3-22、图3-23、图3-24所示。

图3-22 双活塞式制动轮缸

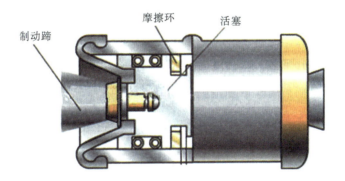

图3-23 单活塞式制动轮缸

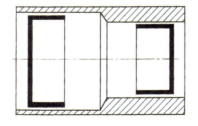

图3-24 阶梯式制动轮缸

2. 工作情况

制动轮缸受到液压作用后,顶出活塞,使制动蹄扩张。松开制动踏板,液压力消失,靠制动蹄回位弹簧的力,使活塞回位,如图 3-25 所示。

图 3-25 制动轮缸工作情况

3. 检修

制动轮缸分解后,用清洗液清洗轮缸零件。清洗后,检查制动轮缸内孔与活塞外圆表面的烧蚀、刮伤和磨损情况。如果轮缸内孔有轻微刮伤或腐蚀,可用细砂布磨光。磨光后的缸内孔应用清洗液清洗后,用无润滑油的压缩空气吹干。然后测出轮缸内孔孔径 B,活塞外圆直径 C,并计算出内孔与活塞的间隙值,标准值:0.04~0.106 mm,使用极限为 0.15 mm,如图 3-26 所示。

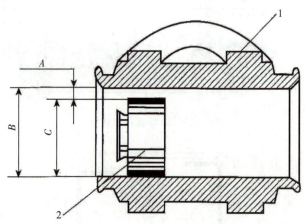

1—制动轮缸;2—活塞。

图 3-26 制动轮缸的检查

任务 3.3

鼓式制动器检测维修

任务引入

某顾客的大众 ID.4X 纯电动汽车最近表现出制动不灵、制动跑偏的问题,经省级技能大师孙师傅综合诊断后,将问题锁定在鼓式制动器上,需对车辆制动系的鼓式制动器进行检修。

学习目标

(1)掌握鼓式制动器的结构。

(2)掌握鼓式制动器的工作原理。

(3)掌握制动鼓的拆装方法。

(4)掌握制动蹄的拆装方法。

(5)能够拆卸、清洁、检修制动底板、制动鼓、制动蹄,并按照维修手册确定是否需要更换。

(6)能够安装制动底板。

(7)能够安装制动鼓、制动蹄。

(8)能够提高安全意识,主动担当,密切同事间的配合,提高鼓式制动器的检修质量。

(9)培养创新思维和方法,在汽车制动技术上力求新突破,在建设汽车强国的征程中贡献青春力量。

知识准备

3.3.1 鼓式车轮制动器概述

3.3.1.1 结构

简单的鼓式车轮制动器主要由旋转部分、固定部分、促动装置和定位调整机构组成。

1. 旋转部分

旋转部分多为制动鼓。制动鼓通常为浇铸件,受力小的制动鼓也可用钢板冲压而成,如图 3-27 所示。

图 3-27 制动鼓

2. 固定部分

固定部分为制动底板和制动蹄。制动底板固装在车桥的凸缘盘上,通过支承销与制动蹄相连。制动蹄常用钢板冲压后焊接而成,也可由铸铁或轻合金烧铸而成,采用 T 形截面以增大刚度,如图 3-28 所示。摩擦片采用粘接或铆接的方式固定于制动蹄上。

图 3-28 制动蹄

3. 促动装置

促动装置的作用是对制动蹄施加力使其向外张开。常用的促动装置有制动凸轮和制动轮缸，如图 3-29 所示。

（a）制动凸轮

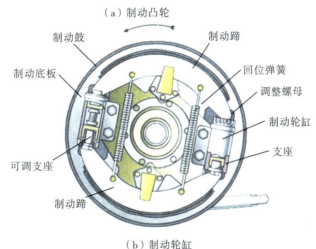

（b）制动轮缸

图 3-29　制动蹄的促动装置

4. 定位调整装置

制动蹄在不工作时其摩擦片与制动鼓之间应有合适的间隙，此间隙一般在 0.25～0.5 mm 之间。间隙过小易造成制动解除不彻底，但间隙过大又将使制动踏板行程过大，以致使驾驶员操作不便，同时也会推迟制动器起作用的时刻。但是在制动过程中，摩擦片的不断磨损必将导致此间隙逐渐增大。因此，各种形式的制动器均设有检查、调整此间隙的装置。

定位调整装置的作用是保持和调整制动蹄和制动鼓间正确的相对位置。

3.3.1.2　类型

根据制动时两制动蹄对制动鼓的径向作用力之间的关系，鼓式制动器可分为非平衡式、平衡式和自增力式。

1. 非平衡式制动器

制动鼓受到的来自两制动蹄的法向力不能互相平衡的制动器称为非平衡式制动器。

非平衡式车轮制动器的工作过程如图3-30所示,其结构特点是两制动蹄的支承点都位于蹄的下端,而促动装置的作用点在蹄的上端,共用一个轮缸张开,且轮缸活塞直径是相等的;其性能特点是汽车前进或倒车制动时,各有一个"领蹄"和"从蹄"。领蹄和从蹄对制动鼓的法向作用力不相等,而这个不平衡的法向作用力只能由车轮的轮毂轴承来承担,如图3-31所示。

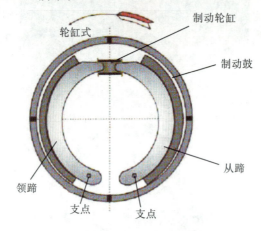

图3-30 非平衡式制动器

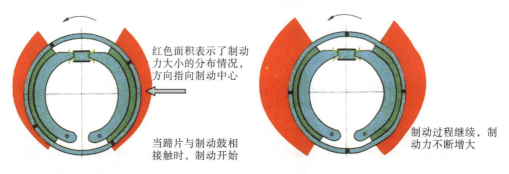

图3-31 非平衡式制动器受力情况

2. 平衡式制动器

制动鼓受到的来自两蹄的法向力互相平衡的制动器称为平衡式制动器。

1)单向平衡式制动器

单向平衡式制动器的结构如图3-32所示,其结构特点是两制动蹄各用一个单向活塞制动轮缸,且前后制动蹄与其轮缸、调整凸轮零件在制动底板上的位置是中心对称的,两轮缸用油管连接;其性能特点是前进制动时两蹄均为"领蹄",有较强的增力,倒车制动时两蹄均为"从蹄"，制动力较小，如图3-33所示。

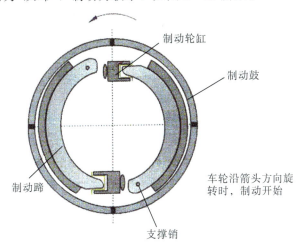

图3-32 单向平衡式制动器

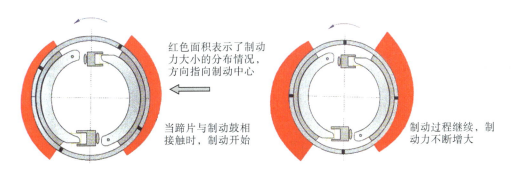

图3-33 单向平衡式制动器受力情况

2）双向平衡式制动器

双向平衡式制动器的结构如图3-34所示，其结构特点是制动蹄、制动轮缸、复位弹簧均为成对的对称布置，两制动蹄的两端采用浮式支承，且支点在周向位置浮动，用复位弹簧拉紧；其性能特点是汽车在前进或倒车中制动时，两个制动蹄均为"领蹄"，均有较强的增力，制动效果好，蹄片磨损均匀，如图3-35所示。

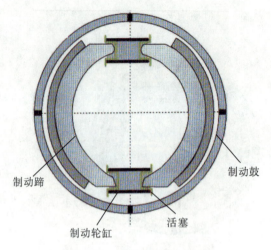

图 3-34 双向平衡式制动器

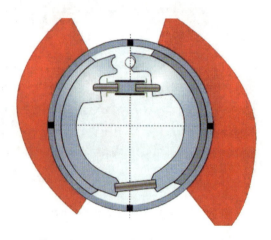

图 3-35 双向平衡式制动器受力情况

3)自增力式制动器

(1)单向自增力式制动器。

单向自增力式制动器的结构如图 3-36 所示。第一制动蹄和第二制动蹄的下端分别浮支在浮动的顶杆两端。制动器只在上方有一个支承销。不制动时，两蹄上端均靠各自的复位弹簧拉靠在支承销上。

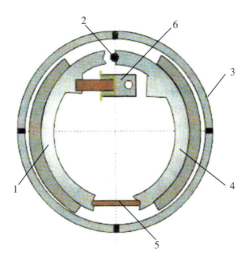

1—第一制动蹄；2—支撑销；3—制动鼓；4—第二制动蹄；5—顶杆；6—轮缸。

图 3-36 单向自增力式制动器结构

汽车前进制动时，单活塞式轮缸只将促动力 F_{S1} 加于第一制动蹄，使其上端离开支承销，整个制动蹄绕顶杆左端支承点旋转，并压靠在制动鼓上。显然，第一制动蹄是领蹄，并且在促动力 F_{S1}、法向合力 F_{N1}、切向（摩擦）合力 F_{T1} 和沿顶杆轴线方向的 F_{S3} 的作用下处于平衡状态。由于顶杆是浮动的，自然成为第二制动蹄的促动装置，而将与力 F_{S3} 大小相等、方向相反的促动力 F_{S2} 施于第二制动蹄的下端，故第二制动蹄也是领蹄，如图 3-37 所示。

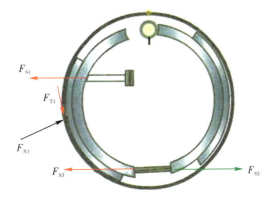

图 3-37 单向自增力式制动器受力分析

(2) 双向自增力式制动器。

双向自增力式制动器的结构如图 3-38 所示。

汽车转向悬架制动安全系统技术

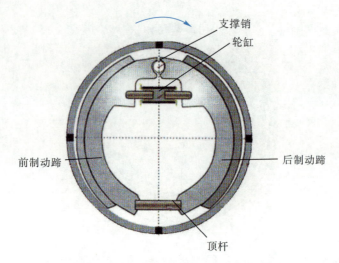

图 3-38 双向自增力式制动器的结构

前进制动时,两制动蹄在促动力的作用下张开压力制动鼓,此时两蹄的上端均离开支承销,沿图中箭头方向旋转的制动鼓对两蹄产生摩擦力矩,带动两蹄沿旋转方向转过一个不大的角度,直到后蹄又顶靠到支承销上为止。此时,前蹄为"领蹄"但其支承为浮动的推杆。制动鼓作用在前蹄的摩擦力和法向力的一部分对推杆形成一个推力,推杆又将此推力完全传到后蹄的下端。后蹄在推力的作用下也形成"领蹄",并在轮缸液压促动力的共同作用下进一步压紧制动鼓,如图 3-39 所示。推力比促动力大得多,从而使后蹄产生的制动力矩比前蹄更大,如图 3-40 所示。倒车制动时,作用过程与此相反,与前进制动时具有同等的自增力作用。

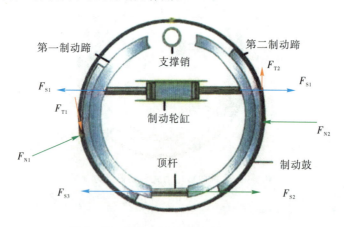

图 3-39 双向自增力式制动器受力分析

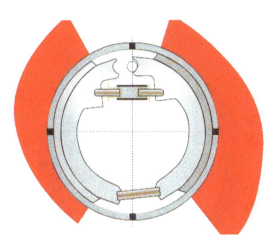

图 3-40 双向自增力式制动器受力情况

3.3.1.3 工作原理

1. 工作过程

汽车行驶中不需要制动时，制动踏板处于自由状态，制动主缸无制动液输出，制动蹄在复位弹簧的作用下压靠在轮缸活塞上，制动鼓的内圆柱面与摩擦片之间保留一定间隙，制动鼓可以随车轮一起旋转。

制动时，驾驶员踩下制动踏板，主缸推杆便推动制动主缸内的活塞前移，迫使制动液经管路进入制动轮缸，推动轮缸的活塞向外移动，使制动蹄克服复位弹簧的拉力绕支承销转动而张开，消除制动蹄与制动鼓之间的间隙后压紧在制动鼓上。此时，不旋转的制动蹄摩擦片对旋转的制动鼓就产生一个摩擦矩，其方向与车轮的旋转方向相反。

放松制动踏板，在复位弹簧的作用下，制动蹄与制动鼓的间隙又得以恢复，从而解除制动。

2. 制动蹄的增势和减势

汽车前进时制动鼓的旋转方向如图 3-41 中的箭头所示。在制动过程中，两制动蹄在相等的促动力 F_S 的作用下，分别绕各自的支承点向外偏转紧压在制动鼓上。同时旋转的制动鼓对两蹄分别作用着法向反力 N_1 和 N_2，以及相应的切向反力 T_1 和 T_2，T_1 作用的结果使得领蹄在制动鼓上压得更紧，则 N_1 变得更大，这种情况称为"助势"作用；与此相反，T_2 作用的结果使得从蹄有放松制动鼓的趋势，即 N_2 和 T_2 有减小的趋势，这种情况称为"减势"作用。

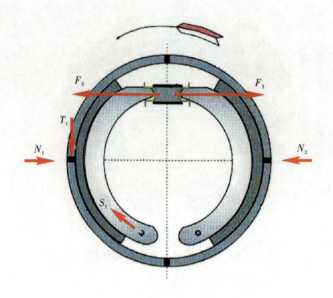

图3-41 制动蹄的增势和减势

通过以上的分析,可以得出:虽然领蹄、从蹄所受的促动力相等,但由于 T_1 和 T_2 的作用方向相反,使得两制动蹄所受到的法向反力 N_1 和 N_2 不相等,且 $N_1 > N_2$,相应的 $T_1 > T_2$。所以制动蹄作用到制动鼓上的法向力不相等;两制动蹄对制动鼓所施加的制动力矩也不相等。

制动蹄对制动鼓的作用力不相等,则两蹄法向力之和只能由车轮轮毂轴承的反力来平衡,这样对轮毂轴承造成了附加径向载荷,轴承的寿命缩短。为解决这个问题,出现了各种不同的鼓式制动器。

3.3.1.4 检修

使用车轮制动器时,制动蹄与制动鼓间存在着磨损,磨损引起制动蹄上的摩擦片厚度减小,制动鼓内径增大,使得蹄、鼓间的间隙增大,制动器的起作用时刻推迟,制动效能下降。因此,汽车行驶一定里程或出现制动不良的故障时,应对车轮制动器进行必要的调整和检修。

(1)制动蹄衬片厚度的检查。用游标卡尺测量制动蹄片的厚度,标准值为5 mm,使用极限为2.5 mm。其铆钉与摩擦片的表面深度不得小于1 mm,以免铆钉头刮伤制动鼓内表面。在未拆下车轮时,后制动蹄摩擦片的厚度可从制动底板的观察孔中检查,如图3-42所示。

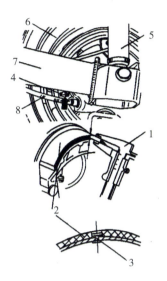

1—卡尺；2—摩擦片；3—铆钉；4—观察孔；5—后减振器；6—制动底板；7—后桥体；8—驻车制动器。

图 3-42　后制动蹄衬片厚度的检查

(2)制动鼓内孔磨损及尺寸的检查。首先检查制动鼓内孔有无烧损、刮痕和凹陷，若不能修磨应更换新件；检查制动鼓内孔尺寸及圆度误差时，用游标卡尺检查内孔尺寸，标准值为 $\phi180$ mm，使用极限为 $\phi181$ mm。用测量不圆度工具测量制动鼓内孔的圆度误差，使用极限为 0.03 mm，超过极限应更换新件，如图 3-43 所示。

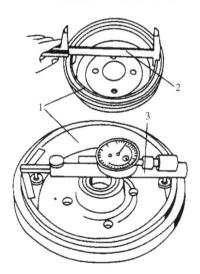

1—后制动鼓；2—游标卡尺；3—测量不圆度工具。

图 3-43　后制动鼓内孔磨损及尺寸的检查

(3)后制动蹄衬片与后制动鼓接触面积的检查。将后制动蹄衬片表面打磨干净后，靠在后制动鼓上,检查二者的接触面积,应不小于60%,否则应继续打磨衬片的表面,如图3-44所示。

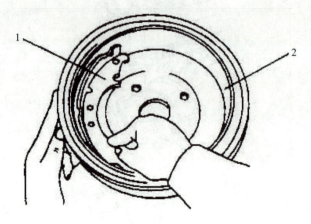

图3-44 后制动蹄衬片与后制动鼓接触面积的检查

(4)后制动器定位弹簧及复位弹簧的检查。如图3-45所示,若后制动器定位弹簧、上复位弹簧、下复位弹簧和楔形调整板弹簧的自由长度增长率达5%,应更换新弹簧。

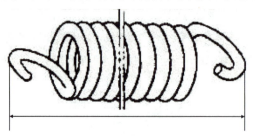

图3-45 后制动器弹簧的检查

(5)制动器的调整。车轮制动器装配完毕后,为保证制动蹄衬片与制动鼓之间具有合适的间隙,应对其进行必要的调整,调整的方法有人工调整法和自动调整法。

3.3.2 大众ID.4X纯电动汽车制动鼓的拆装

拆卸和安装制动鼓需要两人配合完成。

拆卸和安装制动鼓需要用到的专用工具和维修设备:TORX工具HAZET1557/32、扭力扳手(2~10 N·m)HAZET 6280-1CT、棘轮头HAZET 6402-1、小型套装工具HAZET854-1、笔记本车辆诊断系统V.A.S6150系列,如图3-46所示。

HAZET 1557/32

HAZET 6280-1CT

HAZET 6402-1

HAZET 854-1

图 3-46 拆装制动鼓需要用到的专用工具

3.3.2.1 拆卸

(1)一人在车内挂"N"挡，使用笔记本车辆诊断系统 V.A.S6150 系列（如图 3-47 所示）进行后部制动服务操作：

①将诊断插头连接至诊断接口。
②打开点火开关。
③启动诊断。
④选择"车型"。
⑤选择"控制单元列表"。
⑥在"0003 制动装置"上右击选择"引导型功能"。
⑦选择"0003 - 后部制动服务"。
⑧按照屏幕上的操作提示完成"后部制动服务"操作。

图 3-47 笔记本车辆诊断系统 V.A.S6150 系列

（2）用绑带将车辆靠后的两侧绑定在升降台的支撑臂上，如图3-48所示。

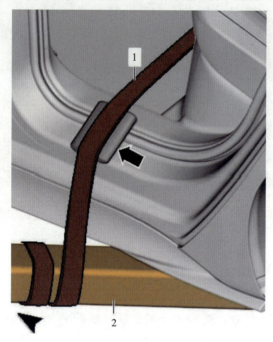

1—绑带；2—升降台支撑臂。
图3-48　固定车辆

（3）举升车辆。

（4）一人在车外断开左/右侧驻车电动机V282/283的插头连接，如图3-49所示。

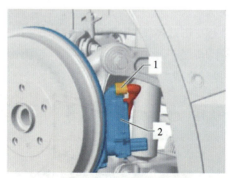

1—插头连接；2—驻车电动机。
图3-49　断开左/右侧驻车电动机的插头连接

（5）车内人员断开点火开关，从车内出来。

（6）断开蓄电池负极接线。

（7）拆下后车轮。

(8)旋出 Torx 螺栓，拆下制动鼓，如图 3-50 所示。

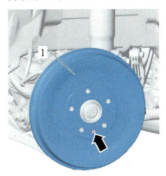

1—Torx 螺栓。

图 3-50 拆卸制动鼓

3.3.2.2 安装

以拆卸相反的顺序进行安装：
(1)拧紧 Torx 螺栓(拧紧力矩为 8 N·m)，固定制动鼓。
(2)连接左/右侧驻车电动机的插头。
(3)安装后车轮(车轮螺栓拧紧力矩为 120 N·m)。
(4)连接蓄电池负极接线。
(5)打开点火开关。
(6)使用笔记本车辆诊断系统 V.A.S6150 系列进行后部制动服务。
(7)手动在"P"挡和"N"挡之间切换 4 次。
(8)踩下制动踏板 15 次。
(9)检查制动效果，机电式驻车制动器按钮关闭时，车轮能自由旋转。机电式驻车制动器按钮开启时，车轮处于被锁死的状态。
(10)在试车的过程中进一步检查制动效果。

3.3.3 大众 ID.4X 纯电动汽车制动蹄的拆装

拆卸和安装制动蹄需要两人配合完成。

拆卸和安装制动蹄需要用到的专用工具和维修设备有钩子 3438、装配工具 T30114、装配工具 T30115A、制动鼓卡尺 V.A.S 6787，如图 3-51 所示。

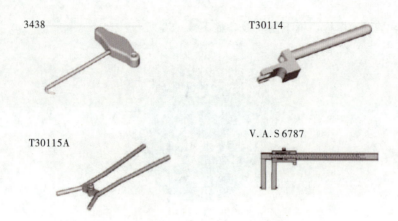

图 3-51 拆装制动蹄需要用到的专用工具和维修设备

3.3.3.1 拆卸

(1) 一人在车内挂"N"挡。

(2) 使用笔记本车辆诊断系统 V.A.S 6150 系列进行后部制动服务操作。

(3) 用绑带将车辆靠后的两侧绑定在升降台的支撑臂上,举升车辆。

(4) 一人在车外断开左/右侧驻车电动机的插头连接。

(5) 车内人员断开点火开关,从车内出来。

(6) 断开蓄电池负极接线,拆下后车轮,拆卸制动鼓。

(7) 绕着锁止销转动固定夹,方便拆卸,如图 3-52 所示。

1—固定夹;2—锁止销。

图 3-52 转动固定夹

(8) 沿图 3-53 中的箭头方向使用装配工具 T30114 撬下固定夹,拆卸时在制动底板后面固定住锁止销。

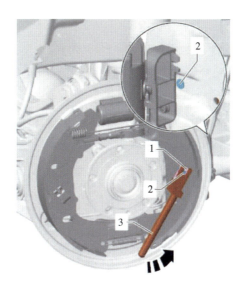

1—固定夹；2—锁止销；3—装配工具 T30114。

图 3-53 拆卸固定夹

(9)从制动底板后面拆下锁止销。

(10)用卡钳夹紧制动蹄的下部，先沿图 3-54 中箭头 A 的方向移动，将制动蹄移到下部支架的前面，接着沿箭头 B 的方向移动，从下部支架上脱开下部回位弹簧，拆下下部回位弹簧。

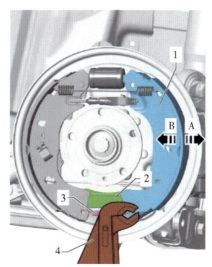

1—制动蹄；2—下部支架；3—下部回位弹簧；4—卡钳。

图 3-54 拆卸下部回位弹簧

(11)沿图3-55中的箭头方向使用装配工具T30114撬下固定夹,拆卸时在制动底板后面固定住锁止销。

(12)从制动底板后面拆下锁止销,如图3-55所示。

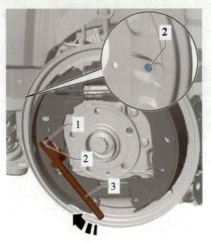

1—固定夹;2—锁止销;3—装配工具T30114。

图3-55 拆卸固定夹

(13)用卡钳夹紧带制动推杆的制动蹄的下部,先沿图3-56中箭头的A的方向移动,接着沿箭头B的方向移动,将带制动推杆的制动蹄移到下部支架的前面。

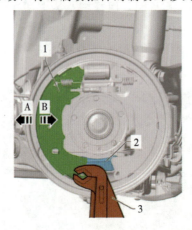

1—制动蹄;2—下部支架;3—卡钳。

图3-56 将带制动推杆的制动蹄移到下部支架的前面

(14)将带制动推杆的制动蹄1和制动蹄2沿图3-57中箭头A的方向压在一起,小心地沿箭头B的方向将带制动推杆的制动蹄1和制动蹄2连同上部回位弹簧一起拉下。拆卸的过程中,不要损坏车轮制动分泵、车轮制动分泵上的防尘套和自动调节器。

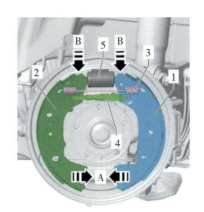

1—制动蹄1；2—制动蹄2；3—回位弹簧；4—自动调节器；5—制动分泵。
图3-57 拉下制动蹄和上部回位弹簧

(15)向下翻转带制动推杆的制动蹄，沿图3-58中箭头A的方向拉动制动拉索的球头，沿箭头B的方向拆下制动拉索。

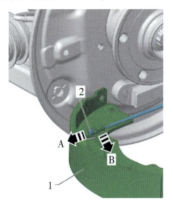

1—制动蹄；2—制动拉索。
图3-58 拆卸制动拉索

(16)用一字螺丝刀将上部回位弹簧从制动推杆的制动蹄1和制动蹄2中撬出，拆下自动调节器，如图3-59所示。

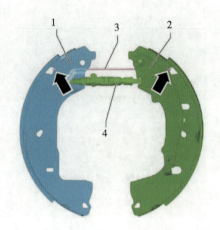

1—制动蹄1；2—制动蹄2；3—回位弹簧；4—自动调节器。

图 3-59　拆卸自动调节器

(17) 检查所有部件是否损坏，必要时更换。

(18) 清洁：要使用压缩空气吹洗制动装置，由此产生的灰尘对健康有害；只能用酒精清洁制动装置；彻底清洁制动器支架上的接触面，清除锈蚀，必须无油脂和其他附着物。

3.3.3.2　安装

(1) 使用润滑脂润滑接触面，如图 3-60 所示。

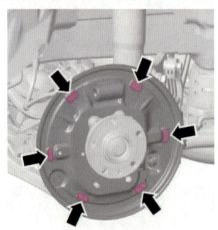

图 3-60　润滑接触面

(2) 沿图 3-61 中箭头 A 的方向安装制动拉索的球头，沿箭头 B 的方向将制动拉索完全卡入带制动推杆的制动蹄的制动推杆中。

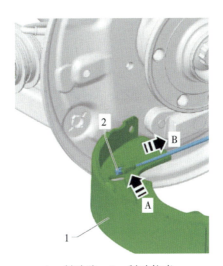

1—制动蹄；2—制动拉索。
图 3-61　安装制动拉索

(3)从制动底板后面插入锁止销，沿图 3-62 中的箭头方向使用装配工具 T30114 安装固定夹，安装时在制动底板后面固定住锁止销，旋转固定夹使其位于规定的安装方向。

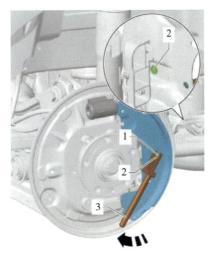

1—固定夹；2—锁止销；3—装配工具。
图 3-62　安装固定夹

(4)将上部回位弹簧安装到带制动推杆的制动蹄 1 和制动蹄 2 上，沿图 3-63 中的箭头方向将制动蹄 2 放置在制动分泵上。在安装的过程中，不要损坏车轮制动分泵和防尘套。

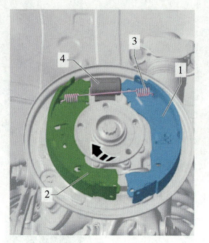

1—制动蹄1；2—制动蹄2；3—上部回位弹簧；4—制动分泵。

图3-63　安装上部回位弹簧和制动蹄

(5)用管钳将制动蹄夹住，将下部回位弹簧安装到带制动推杆的制动蹄1和制动蹄2上，并将制动蹄2卡入下部支架上，如图3-64所示。

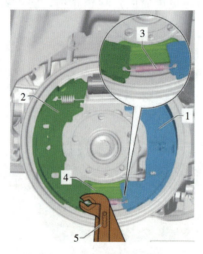

1—制动蹄1；2—制动蹄2；3—下部回位弹簧；4—支架；5—管钳。

图3-64　安装下部回位弹簧、制动蹄

(6)从制动底板后面插入锁止销，沿图3-65中的箭头方向使用装配工具T30114安装固定夹，安装时在制动底板后面固定住锁止销，旋转固定夹使其位于规定的安装方向。

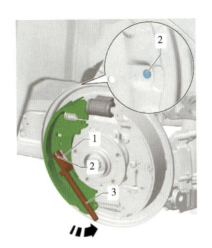

1—固定夹；2—锁止销；3—装配工具。

图 3-65　安装固定夹

(7) 检查上部回位弹簧的安装方向，检查下部回位弹簧的安装位置，再次检查固定夹的安装方向，如图 3-66 所示。

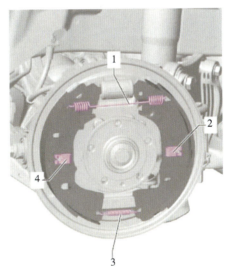

1—上部回位弹簧；2，4—固定夹；3—下部回位弹簧。

图 3-66　检查上、下部回位弹簧和固定夹安装情况

(8) 调整自动调节器。为确保制动功能最佳，需要预先调整自动调节器。自动调节器必须在不受力时安装，并能自由转动。通过旋转螺栓(沿箭头 A 的方向)使调节器两端(箭头 B 所指)处于"微调"状态，如图 3-67 所示。

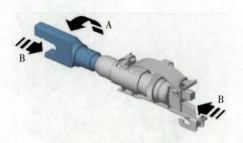

图 3-67 调整自动调节器

(9)安装自动调节器。使用装配工具 T30115A 撑开制动蹄，沿箭头 A 的方向将调整好的自动调节器安装至制动蹄上，再将自动调节器安装至制动蹄缺口（箭头 B）上，如图 3-68 所示。注意自动调节器的安装位置：有调节卡环的一端朝向车尾，有"长短指"的一端朝向车头，"短指"要卡在制动推杆一侧。

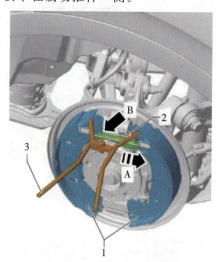

1—制动蹄；2—自动调节器；3—装配工具。

图 3-68 安装自动调节器

(10)使用装配工具 T30115A 将制动蹄反复撑开，调整自动调节器使制动蹄端距离达到规定尺寸 a，如图 3-69 所示。制动蹄尺寸测量方法：使用制动鼓卡尺 V.A.S 6787 测量制动蹄两端的制动摩擦片的最外侧距离，测量点是两个固定夹的锁止销中心连线的延长线与制动摩擦片相交的位置，尺寸 a 为 279.1~279.4 mm。

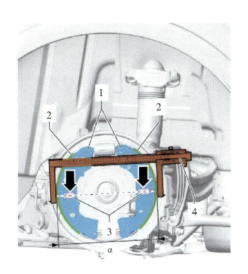

1—制动蹄；2—制动摩擦片；3—固定夹；4—制动鼓卡尺 V.A.S 6787。

图 3-69　规定的制动蹄尺寸

（11）安装制动鼓，如果要重新使用制动鼓，应清除所有腐蚀物。

（12）连接左/右侧驻车电动机的插头，连接蓄电池负极接线。

（13）打开点火开关，使用笔记本车辆诊断系统 V.A.S 6150 系列进行后部制动服务。

（14）手动在"P"挡和"N"挡之间切换 4 次，踩下制动踏板 15 次。

（15）检查制动效果，机电式驻车制动器按钮关闭时，车轮能自由旋转。机电式驻车制动器按钮开启时，车轮处于被锁死的状态。

（16）在试车的过程中进一步检查制动效果。

3.3.4　大众 ID.4X 纯电动汽车制动底板的拆装

拆卸和安装制动底板需要两人配合完成。

拆卸和安装制动底板需要用到的专用工具：棘轮头 HAZET6403-1、扭力扳手（5～60 N·m）HAZET6290-1CT、开口头 HAZET6612C-11，如图 3-70 所示。

HAZET 6403-1　　　　　　　HAZET 6290-1CT　　　　　　　HAZET 6612C-11

图 3-70　拆装制动底板需要用到的专用工具

3.3.4.1 拆卸

(1)一人在车内挂"N"挡。

(2)用绑带将车辆靠后的两侧绑定在升降台的支撑臂上。

(3)举升车辆。

(4)一人在车外断开左/右侧驻车电动机的插头连接。

(5)车内人员断开点火开关,从车内出来。

(6)断开蓄电池负极接线。

(7)拆下后车轮。

(8)拆卸制动鼓。

(9)拆卸制动蹄。

(10)拆卸车轮轴承单元。

(11)松开制动底板的内十二角花键螺栓,从制动分泵上松开制动软管的空心螺栓,拆下制动底板,如图3-71所示。

1—制动底板;2—制动分泵;3—内十二角花键螺栓;4—制动软管;5—空心螺栓。

图3-71 拆卸制动底板

3.3.4.2 安装

以拆卸制动底板相反的顺序进行安装:

(1)按规定力矩拧紧制动分泵上的空心螺栓(拧紧力矩为45 N·m)。

(2)安装制动蹄。

(3)安装制动鼓。

(4)连接左/右侧驻车电动机的插头。

(5)连接蓄电池负极接线。

(6)打开点火开关,使用笔记本车辆诊断系统V.A.S 6150系列进行后部制动服务。

(7)手动在"P"挡和"N"挡之间切换 4 次。

(8)踩下制动踏板 15 次。

(9)检查制动效果,机电式驻车制动器按钮关闭时,车轮能自由旋转。机电式驻车制动器按钮开启时,车轮处于被锁死的状态。

(10)在试车的过程中进一步检查制动效果。

任务实施

1. 作业说明

某顾客的大众 ID.4X 纯电动汽车出现制动不灵、制动跑偏的问题,可能是制动鼓与制动蹄衬片间隙不当、制动鼓与制动蹄衬片接触面积太小、制动蹄衬片质量不佳或沾有油污、制动蹄铆钉松动、制动鼓产生沟槽磨损或失圆、左右车轮制动蹄衬片磨损程度不一致等原因造成的,需要检修制动鼓、制动蹄。

2. 技术标准与要求

项目	具体内容
内六角螺栓拧紧力矩	
内十二角花键螺栓拧紧力矩	
Torx 螺栓拧紧力矩	
十二角法兰螺栓拧紧力矩	
制动鼓磨损极限	
制动蹄衬片磨损极限	

注:请学员查阅维修资料后填写。

3. 设备器材

(1)实训车辆或台架。

_____

_____

(2)专用工具、维修设备。

_____

_____

(3)其他。

_____

_____

注:请学员根据场地实际设备器材填写。

4. 作业流程

(1)做好安全防护,清洁总成及工具。

(2)拆卸并检修制动底板、制动鼓、制动蹄等。

(3)安装制动底板、制动鼓、制动蹄等。

自我测试

(1)简述鼓式制动器的组成与类型。

_____

_____

_____

_____

_____

(2)试分析鼓式制动器的工作原理。

_____

_____

_____

_____

_____

(3)简述鼓式制动器制动蹄的拆装步骤。

_____

_____

_____

_____

_____

5. 填写考核工单

一、查询并记录车辆及制动系统信息			
车辆型号		生产日期	
制动系统版本		行驶里程	
查询用户手册，记录制动系统保养项目里程及周期			

二、检查制动性能	
检查项目	检查结果
制动是否灵敏	是□　否□
制动是否跑偏	是□　否□

三、拆装步骤及紧固规格（拆卸后需向考官报备）		
制动鼓拆装步骤	____模块____任务____页	Torx 螺栓扭力规格、制动鼓磨损极限
制动蹄拆装步骤	____模块____任务____页	制动蹄衬片厚度、外花键螺栓、内六角螺栓、排气阀扭力规格
制动底板拆装步骤	____模块____任务____页	内十二角花键螺栓、制动软管的空心螺栓扭力规格

四、检查制动鼓、制动蹄		
检查项目	检查结果	
制动鼓内孔是否有烧损、刮痕和凹陷	是□　　否□	
制动鼓内孔尺寸	标准值：	正常□　　异常□
	测量值：	
制动鼓内孔圆度误差	标准值：	正常□　　异常□
	测量值：	
制动蹄衬片厚度	标准值：	正常□　　异常□
	测量值：	
制动蹄衬片与制动鼓接触面积	标准值：	正常□　　异常□
	测量值：	

汽车转向悬架制动安全系统技术

> 拓展学习

汽车制动器的发展趋势

在小型车、SUV、皮卡等车型中，从实用和经济方面来看，可使用的刹车模式有很多种，如混合模式，即前轮是盘式制动器，后轮是鼓式制动器。因为惯性的原因，前轮的荷载一般占汽车所有荷载的70%，因此，前轮的刹车力明显大于后轮。汽车制造商为降低造价，前轮采用盘式制动器，而后轮采用鼓式制动器，这样的匹配大大降低了汽车生产预算。另外，在紧急刹车的时候，车辆会继续向前移动一段距离才能停下来，汽车的轴向荷载向前方移动，前轮制动比后轮要求高。有些中高级轿车为了更好地散热，前轮会采用通风盘式制动，后轮采用非通风盘式制动，主要是为了节约成本，毕竟通风盘式制动的制造成本更高，工艺也更复杂。随着材料科学的发展和成本的降低，在汽车行业中，盘式制动器终将取代鼓式制动器。

如今，制动系统正在往线控动系统（Brake by-Wire，BBW）方向发展。线控制动将原有的制动踏板用一个模拟发生器替代，用以接收驾驶员的制动意图，产生、传递制动信号给控制和执行机构，并根据一定的算法模拟反馈给驾驶员。显而易见，它需要非常安全可靠的结构，用以正常地工作。近年来，自动驾驶推动了线控制动技术的进一步发展。在自动驾驶汽车控制执行层中，线控制动比较关键，技术难度也是最高的。由于技术发展程度的局限，目前出现了电子液压制动系统（EHB）和电子机械制动系统（EMB）两种形式的线控制动系统。现代汽车的电子化程度越来越高，新能源汽车和自动驾驶汽车的发展又进一步加快了这种趋势。由于EHB以液压为制动能量源，液压的产生和电控化相对来说比较困难，不容易和其他电控系统整合，而且液压系统的重量对轻量化不利。在汽车越来越像电子产品的今天，EHB的大面积普及并不被看好。未来可能成为主流的线控制动系统将是EMB，但EMB技术在汽车上的应用并不成熟，短期内难以量产。

汽车行业发展已近百年，从最初的能够行驶和进行简单的货物运输，到如今向追求动力性、安全性、节能性和智能性一体化的方向演变和发展。但归根结底，始终不变的是其保障乘员安全的功能，制动系统在其中发挥了巨大的作用。随着国内外相关科学研究的不断深入和相关技术开发的重大突破，各种新型材料和创新技术势必不断涌现，这些先进技术必将进一步提高车辆制动器的使用耐久性、实用性、便捷性和稳定性。

任务 3.4

盘式制动器检测维修

任务引入

某顾客的迈腾 B8L 轿车最近表现出制动不灵、制动跑偏的问题，经省级技能大师周师傅综合诊断后，将问题锁定在盘式制动器上，需对车辆制动系的盘式制动器进行检修。

学习目标

(1) 了解盘式制动器的结构和工作原理。
(2) 了解盘式制动器的类型。
(3) 掌握盘式制动器的检修方法。
(4) 掌握拆卸和安装制动摩擦片的方法。
(5) 掌握拆卸和安装制动钳的方法。
(6) 能够检查制动盘是否有裂缝、刮痕、铁锈、毛刺。
(7) 能够拆卸和安装制动摩擦片。
(8) 能够拆卸和安装制动钳。
(9) 能够检修制动盘、制动摩擦片。
(10) 培养耐心、细心、严谨的工作习惯，按照维修手册规范完成盘式制动器的检修工作。
(11) 能够熟知"爱岗敬业、争创一流、艰苦奋斗、勇于创新、淡泊名利、甘于奉献"的劳模精神，培养热爱专业、吃苦耐劳、踏实工作、勇攀高峰的品质。

> 知识准备

3.4.1 盘式制动器概述

3.4.1.1 类型

盘式制动器摩擦副中的旋转元件为以端面为工作面的金属圆盘,称为制动盘。根据其固定元件的结构形式,盘式制动器可分为钳盘式制动器和全盘式制动器。

钳盘式制动器的固定元件为制动钳和制动块(由金属背板和摩擦片组成)。钳盘式制动器按制动钳固定在支架上的结构形式可分为定钳盘式制动器和浮钳盘式制动器,如图 3-72、图 3-73 所示。

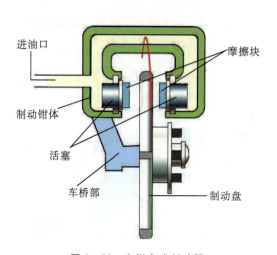

图 3-72 定钳盘式制动器

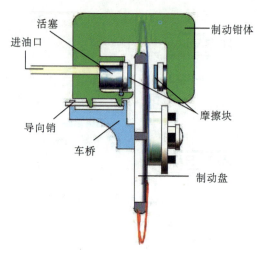

图 3-73 浮钳盘式制动器

全盘式制动器的固定元件的金属背板和摩擦片都是圆盘形,因而其制动盘的全部工作面可同时与摩擦片接触。全盘式制动器由于制动钳的横向尺寸较大,只有少数汽车(主要是重型汽车)采用它作为车轮制动器。

定钳盘式制动器的油缸较多,使得制动钳结构复杂;油缸分置于制动盘两侧,需另设跨接油道或油管,使得制动钳的尺寸过大;热负荷大时,油缸(特别是外侧油缸)和跨越制动盘的油管或油道中的制动液容易受热汽化,这些缺点使得定钳盘式制动器难以适应现代汽车的使用需求,故现在已少用。

浮钳盘式制动器的热稳定性和水稳定性好;结构简单,造价低廉;有利于整个制动器靠近车轮轮辐布置,使转向主销的下端点外移,实现负的偏移距(指主销延长线接地点在车轮接地点的外侧),提高汽车的抗制动跑偏能力,这些优点使得浮钳盘式制动器在现代汽车中得到广泛使用。

3.4.1.2 工作原理

定钳盘式制动器中跨置在制动盘上的制动钳体固定安装在车桥上,它既不能旋转又不能沿制动盘轴线方向移动,其内的两个活塞分别位于制动盘的两侧,制动时,制动液由制动主缸经进油口进入钳体中两个相通的液压腔中(相当于制动轮缸),将两侧的制动块压向与车轮固定连接的制动盘,从而产生制动力,如图3-74所示。放松制动时,液压系统压力消除,密封圈恢复到其初始位置,活塞和制动块依靠密封圈的弹力和弹簧的弹力回位,保证制动的解除。

浮钳盘式制动器的制动钳体通过导向销与车桥相连,可以相对于制动盘轴向移动。制动钳体只在制动盘的内侧设置油缸,而外侧的制动块则附装在钳体上。制动时,来自制动主缸的制动液通过进油口进入制动轮缸,推动活塞及制动块向右移动,并压到制动盘上,于是制动盘给活塞一个向左的反作用力,使得活塞连同制动钳体沿导向销向左移动,直到制动盘右侧的制动块也压紧在制动盘上。此时,两侧的制动块都压在制动盘上,夹住制动盘使其制动,如图3-75所示。

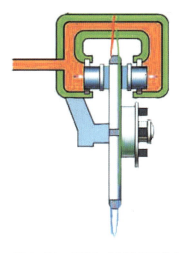

图3-74 定钳盘式制动器工作原理

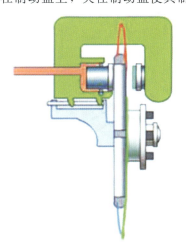 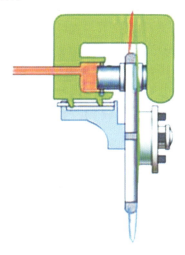

图3-75 浮钳盘式制动器工作原理

3.4.1.3 特点

1. 盘式制动器的优点

(1)制动盘暴露在空气中,散热能力强。特别是通风式制动盘,空气可以流经内部,加强散热。

(2)浸水后制动效能降低较少,而且只需经一两次制动即可恢复正常。

(3)制动效能较稳定、平顺性好。

(4)制动盘沿厚度方向的热膨胀量极小,不会像制动鼓的热膨胀那样使制动器间隙明显增加而导致制动踏板行程过大,此外也便于安装间隙自调装置。

(5)结构简单,摩擦片安装更换容易,维修方便。

2. 盘式制动器的缺点

(1)因制动时无助势作用,故要求管路液压比鼓式制动器高,一般要用伺服装置和较大直径的油缸。

(2)防污性能差,制动块摩擦面积小,磨损较快。

(3)兼用于驻车制动时,需要加装的驻车制动传动装置较鼓式制动器复杂,因而在后轮上的应用受到限制。

3.4.1.4 检修

1. 制动盘厚度的检查

制动盘的使用磨损会使其厚度减小,厚度过小会引起制动踏板振动、制动噪声及颤动。检查制动盘厚度时,可用游标卡尺或千分尺直接测量,如图3-76所示。制动盘厚度的测量位置应在制动衬片与制动盘接触面的中心部位,如迈腾 B8L 轿车制动盘厚度为 25 mm,磨损极限为 22 mm。

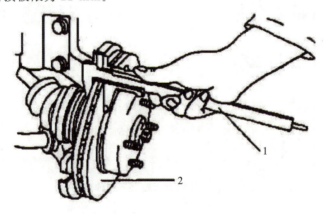

1—游标卡尺;2—制动盘。

图 3-76 检查制动盘厚度

2. 制动盘端面圆跳动的检查

制动盘端面圆跳动过大会使制动踏板抖动或使制动衬片磨损不均匀。可用百分表检查制动盘端面圆跳动,如图 3-77 所示。端面圆跳动量应不大于 0.06 mm。如不符合要求应进行机加工修复(加工后的厚度不得小于 8 mm)或更换。

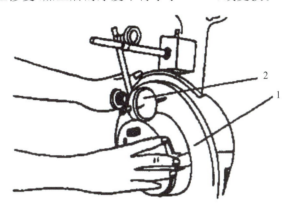

1—制动盘;2—百分表。

图 3-77 检查制动盘端面圆跳动

3. 制动块摩擦片厚度的检查

制动块摩擦片厚度的检查如图 3-78 所示。若制动块已拆下,可直接用游标卡尺测量。制动块摩擦片的厚度为 14 mm(不包括底板),使用极限为 7 mm。若车轮未拆下,对外侧的摩擦片,可通过轮辐上的检视孔,用手电筒目测检查;内侧摩擦片,可利用反光镜进行目测。

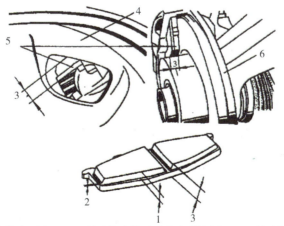

1—制动块摩擦片厚度;2—制动块摩擦片磨损极限厚度;3—制动块的总厚度;
4—轮辐;5—外制动块;6—制动盘。

图 3-78 检查制动块摩擦片厚度

3.4.2 迈腾 B8L 轿车制动块摩擦片拆装

1. 需要的主要工具和设备

拆卸和安装制动块摩擦片所需要的专用工具和维修设备：扭矩扳手 V.A.G 1331、活塞复位装置 T10145，如图 3-79 所示。

图 3-79 拆装制动块摩擦片需要的工具

2. 主要步骤

1）拆卸

（1）拆下车轮。

（2）抵住导向销，从制动钳上拧下两个紧固螺栓，如图 3-80 所示。

（3）取下制动钳并用钢丝固定，以免制动钳的重量使制动软管过度承重或损坏。将制动块摩擦片从制动器支架上取下，如图 3-81 所示。

图 3-80 拧下紧固螺栓

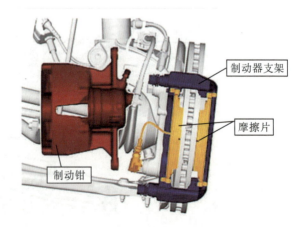

图 3-81 取下制动钳

2）清洁

（1）彻底清洁制动器支架上的制动块摩擦片支承面，清除锈蚀。注意：制动装置产生的有毒粉尘会损害健康；粉尘颗粒进入肺部将永久积聚在肺里损害呼吸功能；不要用压缩空气吹净制动装置。

（2）用酒精清洁制动钳。

3）安装

（1）活塞复位。注意：在用活塞复位装置将活塞压入液压缸之前，必须从制动液储液罐内吸出制动液。否则，如果在此期间制动液储液罐注满，制动液会溢出并造成部件损坏。

（2）用锂基润滑脂略微润滑制动器支架上的摩擦片导向面。

（3）将制动块摩擦片和止动弹簧装入制动器凹槽内。装配制动块摩擦片后，检查所有止动弹簧的位置是否正确，如图 3-82 所示。

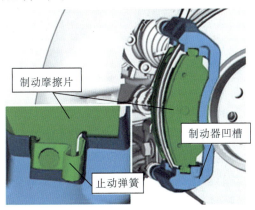

图 3-82　安装制动块摩擦片和止动弹簧

（4）小心地将制动钳安装到制动器支架上。

（5）抵住导向销，用新的自锁螺栓将制动钳固定在制动器支架上。

（6）连接制动摩擦片磨损显示器的连接插头。

（7）安装车轮。

注意：每次更换制动块摩擦片后，要在停车状态下将制动踏板多次用力踩到底，以使制动块摩擦片正确位于其运行状态的相应位置；更换制动块摩擦片后检查制动液液位。

3.4.3　迈腾 B8L 轿车制动钳拆装

1. 需要的主要工具和设备

拆卸和安装制动钳所需要的专用工具和维修设备：扭矩扳手 V.A.G 1331、制动踏板加载装置 V.A.G 1869/2，如图 3-83 所示。

V.A.G 1331

V.A.G. 1869/2

图 3-83 拆装制动钳需要的工具

2. 主要步骤

1) 拆卸

(1) 拆下车轮。

(2) 将排气瓶的排气软管插到制动钳的排气阀上,打开排气阀,如图 3-84 所示。

(3) 安装制动踏板加载装置 V.A.G 1869/2,关闭排气阀并取下排气瓶,拧下制动软管,如图 3-85 所示。

(4) 拧下螺栓,取下制动软管。

(5) 抵住导向销,从制动钳上拧下两个紧固螺栓。

(6) 拔下制动器支架上的制动钳。

2) 安装

(1) 小心地将制动钳安装到制动器支架上。

(2) 抵住导向销,用新的自锁螺栓将制动钳固定在制动器支架上。

(3) 将制动软管拧到制动钳上。

(4) 取出制动踏板加载装置 V.A.G 1869/2。

(5) 连接制动摩擦片磨损显示器的连接插头。

(6) 对制动系统进行排气。

(7) 安装车轮。

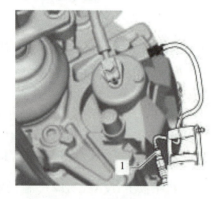

1—排气瓶。

图 3-84 连接排气瓶

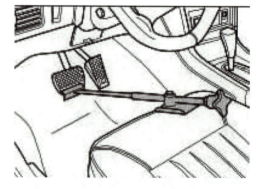

图 3-85 安装制动踏板加载装置

任务实施

1. 作业说明

某顾客的迈腾 B8L 轿车出现制动不灵、制动跑偏的问题，可能是制动盘磨损、制动块摩擦片磨损和制动钳锈蚀或油污等原因造成的，需要对盘式制动器进行检修。

2. 技术标准与要求

项目	具体内容
制动盘磨损极限	
制动盘端面圆跳动量极限	
制动块摩擦片磨损极限	
内六角螺栓拧紧扭矩	
车轮螺栓拧紧扭矩	

注：请学员查阅维修资料后填写。

3. 设备器材

(1) 设备与零件总成。

_____

_____

(2) 常用工具。

_____

_____

(3) 耗材及其他。

_____

_____

注：请学员根据场地实际设备器材填写。

4. 作业流程

(1) 做好安全防护，清洁总成及工具。
(2) 拆卸制动块摩擦片、制动钳等。
(3) 清洁、检修制动块摩擦片、制动钳。
(4) 安装制动块摩擦片、制动钳。

5. 填写考核工单

一、查询并记录车辆及制动系统信息			
车辆型号		生产日期	
制动系统版本		行驶里程	
查询用户手册，记录制动系统保养项目里程及周期			

二、拆装步骤及紧固规格（拆卸后需向考官报备）			
制动块摩擦片拆装步骤	___模块___任务___页	车轮螺栓拧紧扭矩	
制动钳拆装步骤	___模块___任务___页	内六角螺栓拧紧扭矩	

三、检查制动鼓、制动蹄		
检查项目	检查结果	
制动钳是否有油污、锈蚀	是□　　否□	
制动盘厚度	标准值：	正常□　　异常□
	测量值：	
制动盘端面圆跳动量	标准值：	正常□　　异常□
	测量值：	
制动块摩擦片厚度	标准值：	正常□　　异常□
	测量值：	

自我测试

(1) 简述浮钳盘式制动器的工作原理。

(2) 简述制动块制动摩擦片的拆装步骤。

(3) 简述制动钳的拆装步骤。

拓展学习

汽车盘式制动器 MPU（金属聚集物）现象

MPU 现象是目前乘用车制动器行业特别突出的市场投诉。该现象可以描述为金属粒子与其他元素粒子共同聚集成团或块，嵌入制动片表面，在一段时间内稳定存在，导致摩擦副表面因制动而出现划痕或沟槽，虽然 MPU 不会导致任何安全问题，但影响用户的视觉感知体验、并且有一定概率引发制动噪声或是制动抖动（特别是前制动器），所以得到了汽车主机厂、制动器企业和摩擦材料企业的高度重视。

一、MPU 的形态

汽车制动块中的 MPU 的形态可被描述为嵌入摩擦材料中的金属团，其在摩擦面上具有平坦和光亮的片状外观，具有类似"针形""V 形"或"板形"的几何形状。在试验研究中发现，即使采用同样的制动器、同样的试验程序进行多轮试验，MPU 呈现的外观类型也具有随机性，极少数情况下，一片制动块上会同时出现 2～3 种外观现象。

二、MPU 产生机理

MPU 通常分为湿式和干式两种模式，湿式通常是制动块在湿润或潮湿条件下发生的 MPU 问题，干式通常是制动块在干燥条件下产生的 MPU。根据大量的实验和经验，MPU 产生的机理如下：汽车行驶中，轻踩刹车，制动盘与制动块以非常低的压力持续摩擦。制动块和制动盘之间快速升温，当温度在 300℃以下时，铁的迁移率随着温度的上升而下降；当超过 300℃时，随着温度的逐步上升，铁的迁移率随之加快，导致制动盘上产生热槽。热槽和制动盘自身之间的热膨胀不同，有利于铁屑从制动盘中分离。此时，润滑条件下降，制动块的铜和制动盘的铁之间可能出现微型焊接。在制动块的另一面，金属部件的高温可能烧蚀有机成分，产生收集铁屑的微孔。制动过程中，这些结块通过塑性应变被硬化，并且充当一个类似刀具的作用。随之划伤制动盘，产生 MPU，导致噪声。

三、MPU 影响因素

1. 制动盘

(1) 石墨。石墨对于制动盘表面的润滑具有重要的作用，石墨越多，铁成分脱落的机会就越少，但是制动盘硬度会减弱，磨损加快。所以，在保证产品性能的基础上，石墨含量的多少对 MPU 发生的概率有重要影响。

(2) 粗糙度。粗糙度是指加工表面具有的较小间距和微小峰谷的不平度，是由加工方法和设备因素决定的，粗糙度越小越光滑。粗糙度的好坏直接影响 MPU，粗糙的制动盘在制动过程中受力不均匀，局部受力过大，与制动块发生过度摩擦，温度升高易诱发 MPU。

2. 制动块

(1) 孔隙率。孔隙率是指制动块材料中连通空隙体积和材料总体积之比。孔隙率越大的制动块，含水量可能就越大，在制动过程中，由于高压高温，制动盘的 Fe_3C 与制动块中水分解后的氧气和氢气发生化学反应，生成铁和甲烷，部分铁会转移至制动块表面，进而造成 MPU。所以，制动块中水分的含量对 MPU 有较大影响，含水多的制动块发生 MPU 的概率大一些。

(2) 热重分析。热重分析亦称热引力分析或热重量分析(TGA)，随着温度的增加改变物质的物理性质及化学性质。TGA 温度越低，有机物分解越快，在融化分解过程中形成溶液，将制动盘与制动块相互磨损的粉末形成堆积颗粒，导致 MPU 的发生。

(3) 压缩变形。压缩变形是指材料受压缩时，其压缩负荷的大小与材料变形的关系。压缩变形大，制动的时候与制动盘的接触面积大，单位面积承受的压力就小。如果压缩变形小，说明制动块致密度高，材料紧实，在制动过程中，不均匀的受压导致局部受力大，制动块中的高硬度原材料容易使制动盘的铁脱落，造成 MPU。

任务 3.5

助力装置检测维修

任务引入

某顾客的迈腾 B8L 轿车最近表现出车辆制动时制动效果不良,踩制动时制动踏板发硬的问题,经省级技能大师王师傅综合诊断后,将问题锁定在真空助力器上,需对车辆制动系真空助力装置进行调整与检修。

学习目标

(1)掌握助力装置的功用。
(2)掌握真空助力器的类型、工作原理。
(3)掌握真空泵的结构、类型及工作原理。
(4)掌握真空助力器的拆装方法。
(5)增强工作责任心,提高检修助力装置的能力,确保车辆运行安全。
(6)不断学习,培养自学和逻辑分析能力,能够从故障现象分析出真正的原因。

知识准备

3.5.1 助力装置概述

3.5.1.1 功能

(1)车辆制动时利用发动机的真空度提供助力,减轻驾驶员踩制动踏板的疲劳强度。

(2)提高制动性能。

3.5.1.2 类型

真空助力装置按变速箱的类型可分为两类,手动变速箱车辆配备真空助力器,真空助力器一般位于制动踏板与制动主缸之间,为便于安装,通常与主缸合成一个组件,主缸的一部分深入真空助力器壳体内,和制动总泵一起固定在机舱左侧的防火墙上,由发动机进气管的真空度来提供助力;自动变速箱车辆配备真空助力器和真空泵,真空泵安装在汽缸盖的排气凸轮轴的后方,由排气凸轮轴驱动。

真空泵按其驱动方式分为机械式和电子式。

3.5.1.3 工作原理

1. 真空助力器结构组成

真空助力器如图3-86所示,它是利用真空(负压)来增加驾驶员施加于踏板上的力的部件。真空助力器主要由真空伺服气室和控制阀组成。

图3-86 真空助力器外形

2. 真空助力器的工作原理

真空助力器的内部结构如图3-87所示。制动时,踩下制动踏板,来自踏板机构的控制力推动控制阀推杆和控制阀柱塞向前移动,在消除柱塞与橡胶反作用盘之间的间隙后,再继续推动制动主缸推杆,主缸内的制动液以一定压力流入制动轮缸。与此同时,在阀门弹簧的作用下,真空阀也随之向前移动,直到压靠在膜片座的阀座上,从而使通道隔绝,即伺服气室的前腔和后腔隔绝,进而空气阀离开真空阀后开启,空气经过滤洁器、毛毡过滤环、空气阀的开口和通道充入伺服气室后腔。随着空气的充入，在伺服气室膜片的两侧出现压力差而产生推力，此推力通过膜片座、橡胶反作用盘推动制动主缸推杆向前移动。此时，制动主缸推杆上的作用力为踏板力和伺服气室反作用盘推力的总和，使制动主缸输出的压力成倍增长。

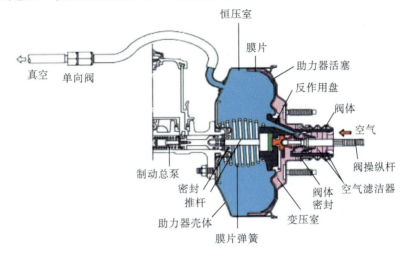

图 3-87 真空助力器的内部结构图

解除制动时，控制阀推杆弹簧使控制阀推杆和空气阀向右移动，真空阀离开膜片座上的阀座后开启。伺服气室的前后两腔相通，且均为真空状态。膜片座和膜片在膜片回位弹簧的作用下回位，制动主缸解除制动作用。

3. 真空泵

对于真空助力系统的真空来源，装有汽油发动机的车辆发动机采用点燃式，因此在进气歧管可以产生较高的真空压力，可以为真空助力制动系统提供足够的真空来源，而对于柴油发动机驱动的车辆，因为发动机采用压燃式 CI（compression ignition cycle），在进气歧管处不能提供相同水平的真空压力，所以需要安装提供真空来源的真空泵，另外，对于为了满足较高的排放环保要求而设计的汽油直喷发动机 GDI（gasoline direct injection），在进气歧管处也不能提供相同水平的真空压力来满足真空制动助力系统的要求，因此也需要真空泵来提供真空来源。迈腾 B8L 轿车真空泵安装在气缸盖的排气凸轮轴后方，在系统中的位置如图 3-88 所示。

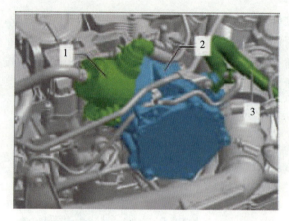

1—燃油高压泵；2—真空泵；3—带止回阀的制动助力器真空管。
图 3-88 迈腾 B8L 真空泵的安装位置

1）真空泵的结构

迈腾 B8L 轿车上的真空泵采用转子泵，主要由泵体、转子、叶片及进排气口等部分组成。

2）真空泵的类型

在汽车领域的制动助力真空系统中应用的真空泵，其主要类型有单叶片式真空泵、柱塞式真空泵和多叶片式真空泵，其中单叶片式真空泵和多叶片式真空泵应用得较多。单叶片式真空泵的驱动形式一般为发动机凸轮轴驱动；柱塞式真空泵的驱动形式一般为凸轮驱动；多叶片式真空泵的驱动形式一般为皮带、发电机、齿轮和电动机。

3）真空泵的工作原理

发动机运转，排气凸轮轴的凸轮经滚轮带动真空泵轴运转，利用机械的方法对配抽容器进行抽气而获得真空。以单叶片真空泵为例，当驱动扭矩通过发动机凸轮轴和真空泵连接器使转子旋转，从而带动塑料的单叶片在容腔的偏心位置沿着真空泵容腔的轮廓进行转动时，单叶片的上侧被分为两个容腔。左侧为真空腔，随着单叶片的旋转其容腔的容积越来越大，从而产生真空度，同时与真空助力器相连接并带有单向阀的进气口使真空助力器增加了真空度。右腔为压缩腔，随着单叶片的旋转其容腔的容积越来越小，将润滑油和从真空助力器中抽取的空气压缩到发动机。来自发动机的润滑油从转子中心进入，润滑真空泵容腔和相应的部件，并起到单叶片上的浮动端子和容腔轮廓之间的密封作用。

3.5.2 迈腾 B8L 轿车制动助力器和真空传感器拆装

3.5.2.1 制动助力器的拆卸和安装

制动助力器拆装所需要的专用工具和维修设备：制动液加注和排气装置 V.A.S 5234，扭矩扳手 V.A.G1331，如图 3-89 所示。

V.A.S 5234　　　　　　　　V.A.G 1331

图 3-89　制动助力器拆装所需要的专用工具和维修设备

1. 拆卸

对于已编码收音机的车辆要注意编码，必要时可询问。

(1) 断开蓄电池接线、拆卸蓄电池、拆卸蓄电池支架。

(2) 用制动液加注和排气装置 V.A.S 5234 从制动液储液罐中抽出尽量多的制动液，如图 3-90 所示。

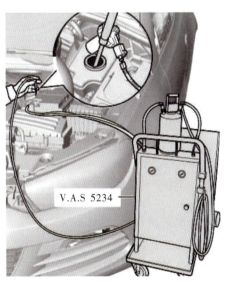

图 3-90　制动液加注和排气装置抽取制动液

(3) 拆卸制动主缸。

(4) 拆下增压空气导管。将线束 1 和 2 从增压空气导管上脱开，并置于一侧。拆下螺栓，松开卡箍，拆下增压空气导管，如图3-91所示。

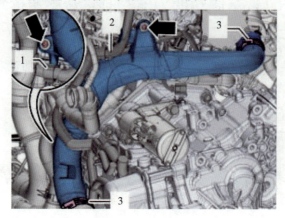

1，2—线束；3—卡箍。

图3-91 拆卸增压空气导管

(5)将带止回阀的真空软管从制动助力器中拉出。拧下制动主缸和液压单元上的制动管路，用密封塞密封钻孔。将排气阀防尘罩插到制动管上。将通往制动主缸的两个制动管路推到车辆右侧，如图3-92所示。

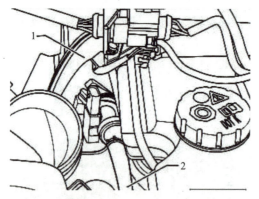

1—制动助力器；2—真空软管。

图3-92 拆卸制动主缸和液压单元上的制动管路

(6)拆卸驾驶员侧仪表板盖板、储物箱/盖板。

(7)拆卸膝部安全气囊。

(8)拆卸驾驶员侧脚部空间出风口：暖风、空调系统、空气导管。

(9)从制动助力器上拆下制动踏板。

(10)拧下制动助力器螺母1、2、3、4，克服密封件的粘合力，将制动助力器从前围板上拔下。将制动助力器小心地从汽车中取出，拧下制动主缸螺母，拆下可能存在的隔热板，小心地将制动主缸从制动助力器中取出，如图3-93所示。

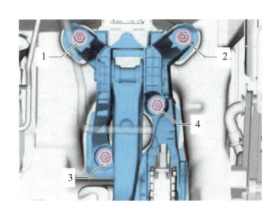

1，2，3，4—制动助力器螺母。

图 3-93　拆卸制动助力器

2. 安装

清除制动助力器和前围上的黏结剂残余。用热风机以较小的热输送加热黏结接剂残余物，然后撕下，彻底清洁表面。安装以拆卸的倒序进行。

注意事项：

(1)将制动踏板与制动助力器连接在一起。

(2)安装以后必须对制动装置和离合器进行排气。

3.5.2.2　真空传感器的拆卸和安装

1. 拆卸

(1)松开卡箍，拆下进气管，拆卸发动机罩盖，如图 3-94 所示。

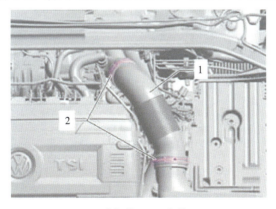

1—进气管；2—卡箍。

图 3-94　拆卸进气管

(2)将带止回阀的真空管从制动助力器上脱开，如图 3-95 所示。

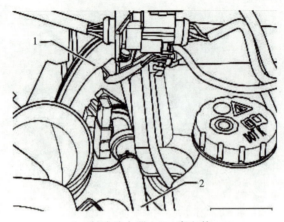

1—制动助力器；2—真空管。

图 3-95 脱开带止回阀的真空管

(3)将电气连接插头从真空传感器上脱开，将真空传感器从真空管路中松开，如图 3-96 所示。

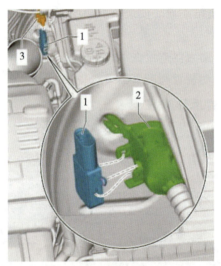

1—真空传感器；2—真空管路；3—连接插头。

图 3-96 取出真空传感器

2. 安装

安装以拆卸的倒序进行。

注意事项：安装真空传感器必须检查密封环是否损坏。如果密封环损坏，则必须更换真空传感器。

任务实施

1. 作业说明

某顾客的迈腾 B8L 轿车最近表现出车辆制动时制动效果不良，踩制动时制动踏板发硬的问题，是真空助力器管接头松动或真空软管漏气、真空助力器单向阀损坏、真空助力器内部卡住、真空助力器膜片漏气等原因造成的，需要检修真空助力器的相关部件。

2. 技术标准与要求

项目	具体内容
内六角螺栓拧紧力矩	
扭矩扳手 V.A.G 1331 拧紧力矩	
制动液加注和排气装置 V.A.S 5234 的容积	

注：请学员查阅维修资料后填写。

3. 设备器材

(1)实训车辆或台架。

_____

_____

(2)专用工具、维修设备。

_____

_____

(3)其他。

_____

_____

注：请学员根据场地实际设备器材填写。

4. 作业流程

(1)做好安全防护，清洁总成及工具。

(2)拆卸和安装制动助力器。

(3)拆卸和安装真空传感器。

5. 填写考核工单

一、查询并记录车辆及制动系统信息			
车辆型号		生产日期	
制动系统版本		行驶里程	
查询用户手册，记录制动系统保养项目里程及周期			

二、检查制动助力装置性能	
检查项目	检查结果
踩下制动踏板是否费力	是□　　否□
真空助力器是否漏气	是□　　否□

三、拆装步骤及紧固规格（拆卸后需向考官报备）		
拆卸和安装制动助力器	＿＿模块＿＿任务＿＿页	内六角螺栓拧紧力矩
拆卸和安装真空传感器	＿＿模块＿＿任务＿＿页	扭矩扳手 V.A.G 1331 拧紧力矩

四、检查制动助力器		
检查项目		检查结果
踩下制动踏板是否费力		是□　　否□
密封性检查	标准值：	正常□　　异常□
	测量值：	
助力功能检查	标准值：	正常□　　异常□
	测量值：	
真空供给检查	标准值：	正常□　　异常□
	测量值：	
真空单向阀检查	标准值：	正常□　　异常□
	测量值：	
空气阀检查	标准值：	正常□　　异常□
	测量值：	

自我测试

(1) 制动助力器的类型。

(2) 制动助力器的工作原理。

(3) 真空泵的工作原理。

拓展学习

新能源汽车制动系统类型

一、采用电子真空泵的新能源汽车制动系统

目前,真空助力器与液压制动管路仍然被许多新能源汽车所使用,当新能源汽车运行后,电子控制元件会进行自我检测,同时位于真空罐内的传感器将真空管内的真空压力转变成电信号进行传输,电子控制系统根据传输过来的电信号判断真空罐的真空度,当真空度低于正常值时,就会控制真空泵进行工作,直至真空压力传感器传输的电信号达到真空度的正常值。由于多次制动作业的消耗,真空罐的真空度会慢慢降低,当降低到正常值后,真空泵会再一次启动,进行抽真空作业,从而实时保持真空罐内的真空度,这样驾驶员所感受到的制动效果跟传统燃油汽车的机械制动效果相同。

二、采用智能化助力器的新能源汽车制动系统

目前,汽车制动系统大多数还是依靠真空助力器进行制动的,这样就会依靠真空

罐所提供的真空源，若要取代真空助力器，就需要在刹车踏板与制动缸体之间安装智能助力系统。目前，已经开发出一种"iBooster"智能助力器，该智能助力器主要由电子控制系统与电驱动机构组成，将不再依靠真空助力器，在踩下制动踏板时，不再传递电信号或者动力，而是智能助力器根据踏板位置的变化判断制动力的大小，同时根据新能源汽车的行驶状态综合分析出所需要的制动力，防抱死电子稳定系统根据车辆状况控制制动力再分配给四个车轮制动盘。

"iBooster"智能助力器完全依靠电路对整个制动过程进行控制，这种制动方式使得制动更加顺滑，没有顿挫感，同时，制动响应时间非常短，是传统机械制动所无法达到的。助力器的电子控制模块与车身稳定系统进行协作，实现车辆动能的回收再利用，从而使新能源汽车更加的节能环保。国内也公开了一套MKC1制动系统，该制动系统的方式与"iBooster"智能助力器不尽相同，但是该系统不单单取代了真空助力制动系统，还将汽车电子稳定控制系统与汽车防抱死制动系统进行模块化设计。其优点在于更加集成化与紧凑化，极大地提高了汽车电子稳定控制系统与汽车防抱死制动系统的响应速度，并且由于各系统集中在同一个模块上，电子控制系统就可以直接控制所有需要执行的制动动作，避免多次传输，减少响应时间，保证行驶安全。

三、采用线控制动的新能源汽车制动系统

随着新能源汽车制动系统技术的不断更新，线控制动系统将会成为主流制动方式，线控制动系统主要通过电子制动器、机电动作器及电源等装置完全替代传统机械制动，没有传统制动系统中的各种液压元件，其优点为结构简单、维修方便、制动响应速度更快速等。线控制动系统在制动过程中的制动力大小调节主要由电子控制单元完成，通过驱动电机的反转产生制动力。在电子控制单元设定不同程序，就可以对制动踏板传输的电信号及车辆实际行驶的状态、速度等信息进行分析，将指令传输给制动电动机，并控制制动电动机反转产生制动力，完成车辆的制动工作，制动力的变化及分配给各个轮胎的制动力可根据实际情况自动进行调整与控制。但是，线控制动系统技术仍不成熟，还有许多问题需要解决。

任务3.6

驻车制动器检测维修

任务引入

某顾客的迈腾 B8L 轿车最近表现出不能稳定地停靠在坡道上并产生溜滑现象的问题，经省级技能大师周师傅综合诊断后，将问题锁定在驻车制动器上，需对车辆制动系的驻车制动器进行调整与检修。

学习目标

(1)掌握驻车制动器的功用。
(2)掌握驻车制动器的工作原理。
(3)掌握驻车制动器的类型。
(4)掌握驻车制动器的调整方法。
(5)掌握电控机械式驻车制动器控制单元的拆装方法。
(6)掌握拆卸和安装驻车电动机的方法。
(7)能够查阅汽车驻车制动器的维修资料，加深总体认知，适应未来汽车检测维修岗位的需要。
(8)树立安全意识，提高责任心，以积极、认真的态度独立进行学习，并在学习中规范自己的职业行为。

知识准备

3.6.1 驻车制动器概述

3.6.1.1 功能

(1)车辆停驶后防止溜滑。
(2)使车辆在坡道上能顺利起步。
(3)行车制动系失效后临时使用或配合行车制动器进行紧急制动。

3.6.1.2 类型

驻车制动器按其安装位置可分为中央制动式和车轮制动式两种。中央制动式通常安装在变速箱的后面,其制动力矩作用在传动轴上;车轮制动式通常与车轮制动器共用一个制动器总成,传动机构是相互独立的。

驻车制动器按其结构形式可分为鼓式、盘式、带式和弹簧作用式。

3.6.1.3 工作原理

1. 中央制动式驻车制动器

凸轮张开鼓式驻车制动器是中央制动式驻车制动器的一种,其结构与前述的用凸轮张开的车轮制动器基本相同。

汽车中央制动式驻车制动器的制动鼓通过螺栓与变速箱第二轴后端的凸缘盘紧固在一起,制动底板通过底板支座固定在变速箱第二轴轴承盖上,两制动蹄下端松套在偏心支承销上,制动蹄上端与凸轮接触处装有滚轮。制动凸轮轴通过制动底板支座支承在制动底板上部,其外端与摆臂的下端和细花键连接,摆臂的另一端与穿过压紧弹簧的拉杆相连,拉杆再通过摇臂、传动杆与驻车制动杆相连。驻车制动杆与固定于变速箱壳体上的齿扇铰连,驻车制动杆上还连有棘爪。

驻车制动器工作时,棘爪嵌入齿扇上的棘齿内,起锁止作用。解除驻车制动时,需按下驻车制动杆上的按钮,使棘爪脱离棘齿才能搬动驻车制动杆。该型制动器间隙的调整部位一处是拉杆与摆动臂连接处的调整螺母,另一处是制动蹄的偏心支承销。

驻车制动时,按下按钮,向上拉起驻车制动杆,传动杆会向左运动,带动摇臂绕支点逆时针旋转,使摆臂向下运动,进而带动凸轮轴旋转,从而使制动蹄撑开产生制动力,如图3-97所示。解除制动时则按相反方向动作。

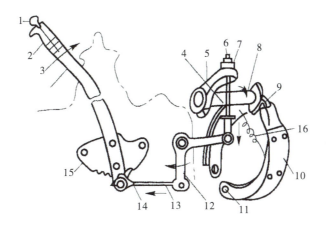

1—按钮；2—拉杆弹簧；3—驻车制动杆；4—压紧弹簧；5—摆臂；6—拉杆；
7—调整螺母；8—凸轮轴；9—滚轮；10—制动蹄；11—偏心支撑销孔；12—摇臂；
13—传动杆；14—锁止棘爪；15—齿扇；16—回位弹簧。

图 3-97　汽车中央制动式驻车制动器

2. 车轮制动式驻车制动器

1）带驻车制动的鼓式制动器

如图 3-98 所示，驻车制动杠杆上端通过平头销与后制动蹄连接，中上部卡入驻车制动推杆左端的切槽中作为中间支点，下端与拉绳相连。前制动蹄卡在驻车制动推杆右端的切槽中，并用一根复位弹簧与推杆相连，该弹簧除起复位弹簧的作用外，还可以防止制动推杆在工作时窜动，碰撞制动蹄而发出噪声。操纵机构包括传动机构和锁止机构。传动机构由驻车制动杆、拉索等组成。锁止机构由按钮、弹簧、棘爪及扇形齿等组成。

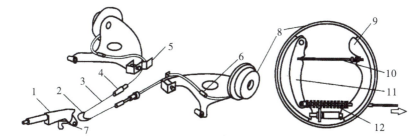

1—驻车制动杆；2—连接头（带棘爪）；3—拉索；4—调节螺母；5—支架；6—螺母；
7—扇齿；8—制动鼓；9—制动蹄；10—制动推杆；11—制动杠杆；12—复位弹簧。

图 3-98　带驻车制动的鼓式车轮制动器

驻车制动时，拉起驻车制动杆后，力通过拉索传到车轮制动器里的驻车制动杠杆下端，使之绕上端支点逆时针转动，制动杠杆转动过程中，其中间支点推动驻车制动推杆右移，使前蹄压向制动鼓。前蹄压向制动鼓后，推杆停止运动，驻车制动杠杆的中间支点变成其继续转动的新支点,于是驻车制动杠杆的上端左移,使后制动蹄压靠到制动鼓上,施以驻车制动。此时,驻车制动杆上的棘爪与扇形齿啮合,驻车制动杆处于锁止状态。

解除制动时,须先将驻车制动杆向后搬动少许,再压下驻车制动杆端头的按钮,使棘爪与齿板脱开,然后将驻车制动杆推到释放位置后松开按钮。与此同时,制动蹄在复位弹簧的作用下回位。

这种以车轮制动器为驻车制动器的驻车制动系可用于应急制动。

2) 带驻车制动的盘式车轮制动器

带驻车制动的盘式车轮制动器如图3-99所示。自调螺杆穿过制动钳体的孔,膜片弹簧使螺杆右端斜面与驻车制动杠杆的凸轮斜面始终贴合。螺杆左端加工有粗牙螺纹的部分装着自调螺母。螺母的凸缘左边部分被扭簧紧箍着,扭簧的一端固定在活塞上,另一端则自由地抵靠螺母。推力球轴承固定在螺母凸缘的右侧,并被固定在活塞上的挡片封闭。轴承与挡片之间的装配间隙即等于制动器间隙,标准值为完全制动时所需的活塞行程。自调螺母可以保持在制动前后的轴向位置不动,可以保证挡片与推力轴承之间的间隙。

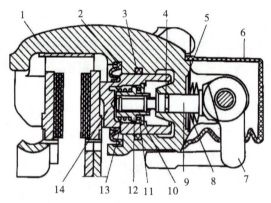

1—制动钳体;2—活塞护罩;3—密封圈;4—自调螺杆密封圈;5—膜片弹簧支承垫圈;
6—驻车制动杠杆护罩;7—驻车制动杠杆;8—膜片弹簧;9—自调螺杆;
10—挡片;11—推力球轴承;12—自调螺母;13—螺母扭簧;14—活塞。

图3-99 带驻车制动的盘式车轮制动器

施行驻车制动时,在驻车制动杠杆的凸轮推动下,自调螺杆连同自调螺母接触活塞底部。此时,由于扭簧的阻碍,自调螺母不可能倒转着相对于螺杆向右移动,于是轴向推力通过活塞传到制动块上实现制动。解除驻车制动时,自调螺杆在膜片弹簧的作用下,随着驻车制动杠杆回位。

另一种带驻车制动的盘式车轮制动器及其操纵机构如图3-100所示,其制动盘可以与行车制动器的制动盘固装在一起,也可以直接利用行车制动器的制动盘,但操纵机构与行车制动器的操纵机构须分开。

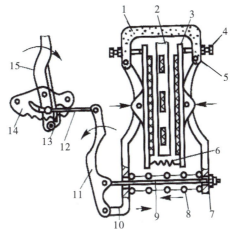

1—制动钳体；2—制动盘；3—压块；4—浮动销钉；5—铰支点；6—复位弹簧；
7—右制动压杆；8—张力弹簧；9—制动推杆；10—左制动压杆；11—制动杠杆；
12—拉杆；13—棘爪；14—齿扇；15—驻车制动杆。

图 3-100 盘式驻车制动器及操纵机构

3.6.1.4 驻车制动器的调整

驻车制动器的调整如图 3-101 所示，其调整方法有如下几个。

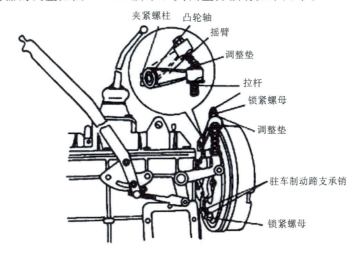

图 3-101 鼓式驻车制动器的调整

1. 拉杆长度调整

当驻车制动器蹄鼓间隙过大时，可以将拉杆上的锁紧螺母松开，将制动操纵杆放松到最前端，然后，拧动拉杆上的调整螺母，即可实现制动间隙调整。将调整螺母拧紧，蹄鼓间隙减小；反之，则蹄鼓间隙增大。调整完毕后，将锁紧螺母锁紧。

2. 摇臂与凸轮相互位置的调整

通过拉杆长度的调整后,若操纵杆自由行程仍然偏大,则应调整摇臂与凸轮的相互位置。

将驻车制动杆向前放松至极限位置;将摇臂从凸轮轴上取下,逆时针方向错开一个或数个齿后,再将摇臂装于凸轮轴上,并将夹紧螺栓紧固;重新调整拉杆上的调整螺母,直到有合适的驻车制动拉杆行程为止。调好后,制动间隙应为 0.2~0.4 mm。

驻车制动器调好后,完全放松驻车制动杆时,制动器蹄鼓间隙为 0.2~0.4 mm。向后拉驻车制动杆时,应有两"响"的自由行程,从第三"响"时应开始产生制动,到第五"响"时汽车应能在规定的坡道上停住。

3. 制动器的全面调整

先拧松偏心支承轴的锁紧螺母,用扳手转动偏心支承轴。当在摆臂末端用力转动摆臂张开凸轮时,两个制动蹄的中部同时与制动鼓接触。然后用扳手固定偏心支承销,同时拧紧偏心支承销的锁紧螺母。在拧紧锁紧螺母时,偏心支承销不得转动。

3.6.2 迈腾 B8L 轿车驻车制动器拆装

3.6.2.1 驻车制动器安装位置

驻车制动器安装位置如图 3-102 所示。

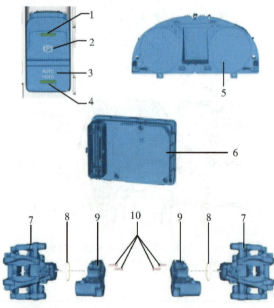

1—电控机械式驻车制动器指示灯(安装在电子机械式驻车制动器按钮中);2—电子机械式驻车制动器按钮(安装在中控台中);3—AUTO HOLD 按键(安装在中控台中);4—AUTO HOLD 指示灯(安装在 AUTO HOLD 按键中);5—组合仪表,带电动驻车制动器、手制动器故障指示灯、制动装置指示

灯和有声音信号；6—电控机械式驻车制动器控制单元，集成在 ABS 控制单元不得单独更换；7—后部制动钳；8—密封环；9—驻车电动机（左侧驻车电动机，安装在左后制动钳上，右侧驻车电动机安装在右后制动钳上）；10—内六角螺栓，12 N·m。

图 3-102　驻车制动器安装位置

3.6.2.2　拆卸和安装电控机械式驻车制动器控制单元

电控机械式驻车制动器控制单元集成在 ABS 控制单元内不得单独更换。

3.6.2.3　拆卸和安装驻车电动机

所需要的专用工具和维修设备：扭矩扳手 V.A.G 1331、车辆诊断测试器。

1. 拆卸

脱开连接插头前，必须关闭点火开关至少 30 s。

(1)将插头从驻车电动机上拔下，如图 3-103 所示。

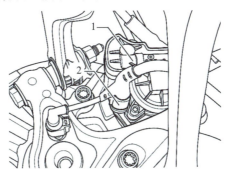

1—插头；2—驻车电动机。

图 3-103　插头从驻车电动机拔下

(2)拧出驻车电动机的两个内六角螺栓（图 3-104 中箭头所指）。

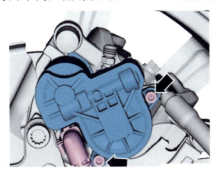

图 3-104　拧出驻车电动机的内六角螺栓

(3)从制动钳上拔下驻车电动机，此时略微来回转动驻车电动机，并取出密封环。注意不要损坏密封环的环槽和驻车电动机的接触面，并清洁驻车电动机的环槽和接触面，如图 3-105 所示。

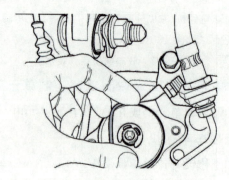

图 3-105　拔下驻车电动机，取出密封环

2. 安装

注意事项：稍微浸润新密封环然后安装，不得转动或损坏密封环。彻底润滑驻车电动机驱动轴上的星形组件。安装驻车电动机时不允许拧出密封环，小心地将驻车电动机安装到制动钳上，同时注意密封环的正确位置。必要时，用星形组件 A 稍稍回转驱动轴，以便正确安装驻车电动机。尽量旋转驻车电动机，直至螺栓孔和螺纹吻合。注意将驻车电动机平齐地安放到制动钳上，必须用紧固螺栓将驻车电动机拉向制动钳，如图 3-106 所示。

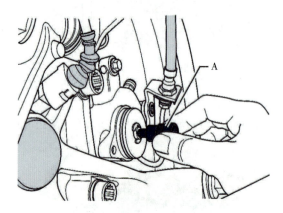

图 3-106　用星形组件安装驻车电动机

(1) 安装内六角螺栓，如图 3-107 所示，并拧紧。
(2) 安装插头。

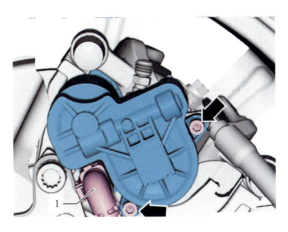

1—插头。

图 3-107　安装内六角紧固螺栓及插头

(3)用车辆诊断测试器进行制动装置基本设置。

任务实施

1. 作业说明

某顾客的迈腾 B8L 轿车最近表现出不能稳定地停靠在坡道上并产生溜滑现象的问题，可能是制动器间隙过大，蹄片与鼓的接触面积太小，制动蹄或片上占油或硬化，制动鼓或盘变形严重，操纵机构各部件磨损松旷、间隙过大，或者是钢索过长、棘爪弹簧失效或折断、制动蹄或制动盘拉紧弹簧脱落、变速箱壳体上的固定支架松动等原因造成的，需要检修驻车制动器的相关部件。

2. 技术标准与要求

项目	具体内容
内六角螺栓拧紧力矩	
扭矩扳手 V.A.G 1331 拧紧力矩	
放松驻车制动杆时，制动器蹄鼓间隙	

注：请学员查阅维修资料后填写。

3. 设备器材

(1)实训车辆或台架。

(2)专用工具、维修设备。

_____

_____

(3)其他。

_____

_____

注：请学员根据场地实际设备器材填写。

4. 作业流程

(1)做好安全防护，清洁总成及工具。

(2)拆卸和安装电控机械式驻车制动器控制单元。

(3)拆卸和安装驻车电动机。

5. 填写考核工单

一、查询并记录车辆及制动系统信息			
车辆型号		生产日期	
制动系统版本		行驶里程	
查询用户手册，记录制动系统保养项目里程及周期			

二、检查制动性能	
检查项目	检查结果
驻车制动是否灵敏	是□　否□
驻车后车辆是否有滑移	是□　否□

三、拆装步骤及紧固规格（拆卸后需向考官报备）		
电控机械式驻车制动器控制单元拆装步骤	＿＿模块＿＿任务＿＿页	内六角螺栓拧紧力矩扭矩扳手 V.A.G 1331 拧紧力矩
驻车电动机拆装步骤	＿＿模块＿＿任务＿＿页	

四、检查驻车制动器		
检查项目	检查结果	
拉紧驻车制动操纵手柄后，仍能起步，或不能稳定地停靠在坡道上，产生溜滑现象	是□　否□	
制动器间隙	标准值： 测量值：	正常□　异常□
蹄片与鼓的接触面积	标准值： 测量值：	正常□　异常□
制动蹄或片上占油或硬化	标准值： 测量值：	正常□　异常□
驻车制动器钢索长度	标准值： 测量值：	正常□　异常□

自我测试

(1) 驻车制动器的功用。

(2) 驻车制动器的类型。

(3) 驻车制动器的工作原理。

(4) 驻车制动器的调整。

拓展学习

电动汽车制动系统常见故障分析

电动汽车制动系统的结构与传统燃油汽车的制动系统类似，主要由制动器、ABS、电动真空助力装置等组成，如图 3-108 所示。制动系统是电动汽车最重要的安全部位之一，一旦发生故障，后果将不堪设想。

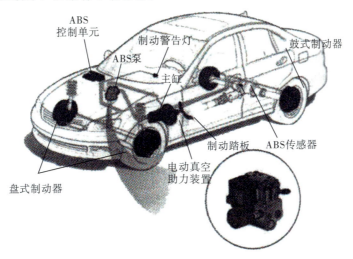

图 3-108　电动汽车制动系统的结构

一、机械故障

1. 制动不良或失灵

(1) 制动管路（如接头处）渗漏或阻塞、制动液不足会使制动液压力下降，导致制动不良或失灵。对于此类故障，应检查制动管路，排除渗漏、添加制动液、疏通管路。

(2) 制动管路中进入空气导致制动迟缓。对于此类故障，可将制动轮缸及管路中的空气排净后添加适量的制动液。

(3) 制动间隙不当。制动摩擦片的工作面和制动鼓内壁工作面的间隙过大，导致制动迟缓、制动力矩不足。对于此类故障，应按照规范全面调校制动间隙。

(4) 制动鼓与摩擦片接触不良，导致制动摩擦力矩下降。对于此类故障，应校正修复或更换新件。

(5) 制动主缸、轮缸皮碗或其他部件磨蚀、损坏，制动管路无法产生必要的内压，导致制动不良。对于此类故障，应更换磨蚀、损坏的部件。

2. 制动单边

(1) 同轴两边制动器的制动时间不一致，这通常是由两边制动器制动间隙不均或接触面积不同所致的。对于此类故障,可重新调校左右轮制动间隙。

(2)同轴两边制动器的制动力矩不同,使得车轮转速不同,从而造成单边制动。这通常是由某边制动轮缸漏油、制动摩擦片油污严重、摩擦系数出现差异或左右轮胎气压不一致所致的。对于此类故障,可用汽油清洗摩擦片、修复渗漏处或调整轮胎气压。

(3)制动时车轮自动向一侧偏转。这主要是由两边制动鼓和摩擦片工作表面的粗糙程度不同或单边制动管路堵塞所致的。对于此类故障,应更换摩擦片或疏通制动管路。

3. 制动鼓发热

(1)当放松制动踏板时,制动力未完全解除,使摩擦副长时间处于摩擦状态,导致车辆起步困难、行驶无力、用手触摸轮毂表面感到烫手。对于此类故障,应重新调节制动间隙。

(2)驻车制动手柄没完全放开,其原因是操作上的疏忽,导致摩擦副长时间处于摩擦状态而发热,必要时按规范调整手柄。

(3)制动产生的热量使回位弹簧受热变形、弹力下降或消失,不能确保制动摩擦片总成及时回位,便无法及时彻底解除制动而使制动鼓发热。及时检修或更换回位弹簧,即可消除该故障。

(4)常见的驻车制动失灵故障是拉索或外套锈蚀,牵引弹簧折断、脱落等,导致驻车制动操纵拉索或制动拉索在其外套内拉动不灵活,由此造成驻车制动松不开而工作失效。对于此类故障,应检查制动操纵拉索和制动系统部件表面有无损伤,手柄操纵动作是否灵活,有无卡滞现象,拉索连接头及固定部位是否松动、损坏。检修时,可对拉索加注润滑脂进行润滑,或更换损坏件,重新调整制动手柄转动量。

二、ABS故障

在紧急制动时,ABS可在车辆制动时自动控制制动力的大小,使车轮始终维持在有微弱滑移的滚动状态下进行制动,这样既能拥有最大的制动力矩,又可防止车轮抱死。ABS的结构如图3-109所示。

电动汽车ABS的常见故障有轮速传感器信号故障、ABS控制单元故障、电磁阀(输入阀/输出阀)故障等,其检修方法与传统燃油汽车基本相同。当ABS发生故障时,可用诊断仪读取ABS控制单元中存储的故障码,然后根据故障码信息进行相应的检修;如果诊

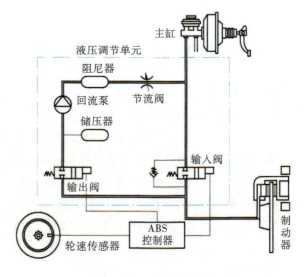

图3-109 ABS的结构

断仪无法连接 ABS 控制单元，应检查 ABS 控制单元及其电源电路和通信线路是否正常。

三、电动真空助力装置故障

电动真空助力装置作为制动助力器用于提供真空度。电动真空助力装置电路如图 3-110 所示。VCU 根据真空压力传感器反馈的真空度信号，确定真空泵的启动和停止，使真空罐内的真空度保持在设定值以内，以供制动系统随时使用。

当电动真空助力装置出现故障时，踩踏制动踏板会感觉吃力。其常见故障有真空压力传感器故障、相关熔断器熔断、真空管路泄漏、真空泵自身或其电路故障等。用诊断仪读取制动系统的故障码和对应部件的数据流，可初步判断故障原因，然后对相应部件进行检修。

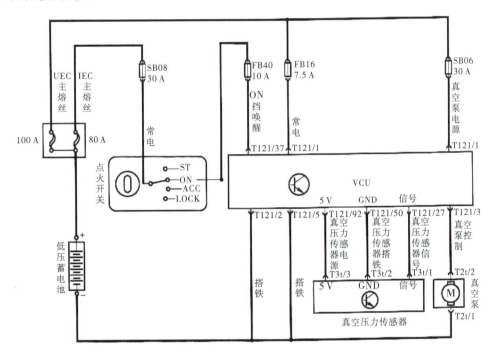

图 3-110 电动真空助力装置电路

任务 3.7

防抱死制动系统检测维修

任务引入

某顾客的迈腾 B8L 轿车最近出现了车轮开始抱死不转而拖滑的现象，经省级技能大师杨师傅综合诊断后，将问题锁定在防抱死制动系统上，需对车辆防抱死制动系统进行检修。

学习目标

(1)掌握防抱死制动系统的基本组成和工作原理。

(2)掌握轮速传感器的类型、结构、工作原理、检测和拆装方法。

(3)掌握制动压力调节器的类型、结构、工作原理和检测方法。

(4)掌握防抱死制动系统的维修注意事项、故障的诊断与排除方法。

(5)增强工作责任心，提升安全意识，按照程序检修防抱死制动系统，确保车辆运行安全。

(6)培养自身对汽车行业的热爱，从技术水平、管理水平等多方面提升自己，在本职岗位上大显身手，为祖国的繁荣昌盛作出贡献。

> 知识准备

3.7.1 防抱死制动系统概述

ABS 是英文"Anti-lock Braking System"的缩写,汉语意思为防抱死制动系统。ABS 已经成为轿车及客车的标准配置。

3.7.1.1 基本组成和工作原理

如图 3-111 所示,ABS 通常由轮速传感器、制动压力调节器、电子控制单元(ECU)和 ABS 警示装置等组成。

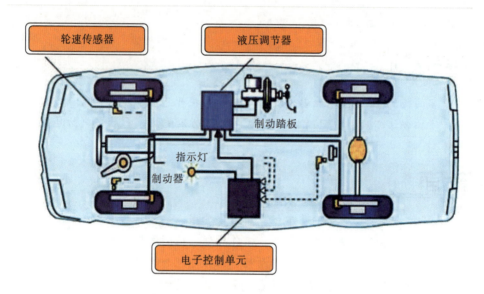

图 3-111 ABS 的基本组成

每个车轮上安置一个轮速传感器,它们将各车轮的转速信号及时地输入电子控制单元(ECU);电子控制单元(ECU)是 ABS 的控制中心,它根据各个车轮轮速传感器输入的信号对各个车轮的运动状态进行监测和判定,并形成响应的控制指令,再适时发出控制指令给制动压力调节器。

制动压力调节器是 ABS 中的执行器,它是由调压电磁阀总成、电动泵总成和储液器等组成的一个独立整体,并通过制动管路与制动主缸和各制动轮缸相连,制动压力调节器受电子控制单元(ECU)的控制,对各制动轮缸的制动压力进行调节。

警示装置包括仪表板上的制动警告灯和 ABS 警告灯。制动警告灯为红色,通常用"BRAKE"做标识,由制动液面开关、手制动开关及制动液压力开关并联控制;ABS 警告灯为黄色,由 ABS 电子控制单元控制,通常用"ABS 或 ANTILOCK"做标识。

ABS 具有失效保护和自诊断功能，当电子控制单元（ECU）监测到系统出现故障时，将自动关闭 ABS，仅保留常规制动系；同时存储故障信息，并将 ABS 警告灯点亮，提示驾驶员尽快进行修理。

3.7.1.2 分类

ABS 的种类根据控制通道数可分为四通道、三通道、二通道和一通道四种；根据传感器数可分为四传感器和三传感器两种。控制通道是指能够独立进行制动压力调节的制动管路。如果一个车轮的制动压力占用一个控制通道，可以进行单独调节，称为独立控制；如果两个车轮的制动压力是一同调节的，称为一同控制；两个车轮一同控制时有两种方式：如果以保证附着系数较小的车轮不发生抱死为原则进行制动压力调节，则称这两个车轮按低选原则一同控制；如果以保证附着系数较大的车轮不发生抱死为原则进行制动压力调节，则称这两个车轮按高选原则一同控制。按低选原则一同控制较为常见。

目前汽车上应用较多的为三通道（前轮独立控制、后轮低选控制）四传感器式、三通道三传感器式和四通道四传感器式 ABS。

1. 三通道四传感器式 ABS

三通道四传感器式 ABS 如图 3-112 所示，一般采用两个前轮独立控制，两个后轮按低选原则进行一同控制。对两个前轮进行独立控制，主要是考虑轿车，特别是前轮驱动的汽车，前轮制动力在汽车总制动力中所占的比例较大（可达 70% 左右），可以充分利用两前轮的附着力。这种形式的 ABS 制动方向稳定性较好，但制动效能稍差。

图 3-112 三通道四传感器 ABS

2. 三通道三传感器式 ABS

三通道三传感器式 ABS 如图 3-113 所示，也是采用两个前轮独立控制，两个后轮按低选原则进行一同控制，与三通道四传感器式 ABS 的不同是后桥只有一个轮速传感器，装在差速器附近。这种形式的 ABS 制动方向稳定性较好，但制动效能稍差。

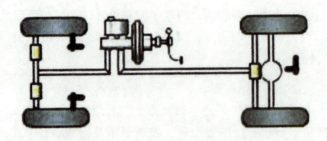

图 3-113　三通道三传感器 ABS

3. 四通道四传感器式 ABS

四通道四传感器式 ABS 如图 3-114 所示，每个车轮都有一个轮速传感器，且每个车轮的制动压力都是独立控制的。图 3-114 的左图为双管路前后布置，右图为双管路交叉布置。这种形式的 ABS 制动效能好，但在不对称路面上制动时的方向稳定性差。

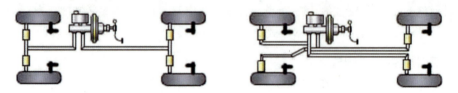

图 3-114　四通道四传感器 ABS

3.7.2　轮速传感器

轮速传感器的功用是检测车轮的旋转速度，并将速度信号输入电子控制单元。目前，常用的轮速传感器主要有电磁式和霍尔式两种。

3.7.2.1　电磁式轮速传感器

1. 结构

电磁式轮速传感器主要由传感器头和齿圈两部分组成，如图 3-115 所示。

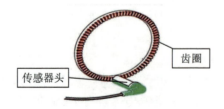

图 3-115　轮速传感器外形

齿圈一般安装在轮毂或轴座上，如图 3-116 所示。对于后轮驱动且后轮采用同时控制的汽车，齿圈也可安装在差速器或传动轴上，如图 3-117、图 3-118 所示。

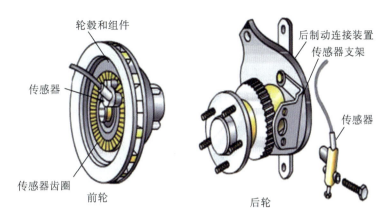

图 3-116　轮速传感器在车轮的安装位置

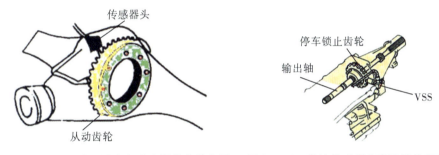

图 3-117　轮速传感器在主减速器的安装位置　　图 3-118　轮速传感器在变速箱的安装位置

齿圈随车轮或传动轴一起转动，通常用磁阻很小的铁磁材料制成。传感头通常由永久磁铁、电磁线圈和磁极等组成，如图 3-119 所示。它对应安装在靠近齿圈而又不随齿圈转动的部件上，如转向节、制动底板、驱动轴套管或差速器、变速箱壳体等固定件上。传感头与齿圈的端面有一空气间隙，此间隙一般为 1 mm，通常可移动传感头的位置来调整间隙。

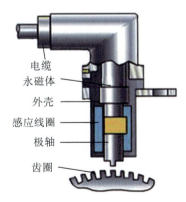

图 3-119　电磁式轮速传感器的结构

2. 工作原理

电磁式轮速传感器的工作原理如图 3-120 所示。传感器齿圈随车轮旋转的同时与传感头极轴做相对运动。当传感头的极轴与齿圈的齿隙相对时，极轴距齿圈之间的空气间隙最大，磁阻最大。传感头的磁极磁力线只有少量通过齿圈而构成回路，在电磁线圈周围的磁场较弱。

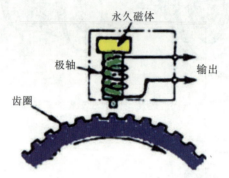

图 3-120 电磁式轮速传感器的工作原理

当传感头的极轴与齿圈的齿顶相对时，两者之间的空隙较小，磁阻最小。传感头的磁极磁力线通过齿圈的数量增多，在电磁线圈周围的磁场较强。

齿圈随车轮不停地旋转，就使传感头电磁线圈周围的磁场以"强-弱-强-弱……"周期性变化，因此电磁线圈就感应出交变电压信号，即车轮转速信号，如图 3-121 所示。

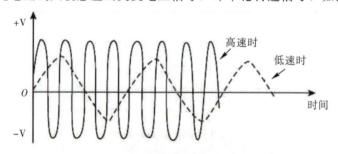

图 3-121 电磁式轮速传感器输出电压信号

交变电压信号的频率与齿圈的齿数和转速成正比，因齿圈的齿数一定，所以车轮转速传感器输出的交流电压信号频率只与相应的车轮转速成正比。

轮速传感器由电磁线圈引出两根导线，将其速度变化产生的交变电压信号送至 ABS 的电子控制单元（ECU）。为防止外部电磁波对速度信号的干扰，传感器的引出线采用屏蔽线，以保证反映车轮速度变化的交变电压信号准确地送至 ABS 的电子控制单元（ECU）。

3. 检测

轮速传感器损坏后，电子控制单元接收不到转速信号，不能控制制动压力调节器工作，ABS 将停止工作，车辆维持常规制动。

轮速传感器的导线、插接器或传感头松动，电磁线圈等出现接触不良、断路、短路或脏污、间隙不正常，都会影响轮速传感器的工作，从而造成 ABS 工作异常。

1）传感器的检测方法

检查传感器外观时，应注意：传感器安装有无松动；传感头和齿圈是否吸有磁性物质和污垢；传感器导线是否破损、老化；插接器是否连接牢固和接触良好，如有锈蚀、脏污应清除，并涂少量防护剂，然后重新将导线插入连接器，再进行检测。

2）传感头与齿圈齿顶端面的间隙检查

传感头与齿圈齿顶端面的间隙可用无磁性厚薄规或合适的硬纸片检查，检查方法如图 3-122 所示。

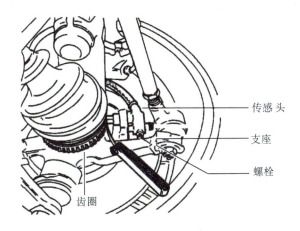

图 3-122 传感头与齿顶端面间隙的检查

将齿圈上的一个齿正对着传感器的头部，选择规定厚度的厚薄规片或合适的硬纸片，放入轮齿与传感器的头部之间，来回拉动厚薄规片，其阻力应合适。若阻力较小，说明间隙过大；若阻力较大，说明间隙过小。

3）传感器电磁线圈及其电路检测

使点火开关处于 OFF 位置，将 ABS 电子控制单元插接器插头拆下，查出各传感器与电子控制单元连接的相应端子，在相应端子上用万用表电阻挡检测传感器线圈与其连接电路的电阻值是否正常。

3.7.2.2 霍尔式轮速传感器

1. 组成和工作原理

霍尔式轮速传感器由传感头、齿圈组成。其齿圈的结构及安装方式与电磁式轮速传感器的齿圈相同,传感头由永磁体、霍尔元件和电子电路等组成。

传感器的工作原理如图 3-123 所示,永磁体的磁力线穿过霍尔元件通向齿圈,齿圈相当于一个集磁器。当齿圈位于如图 3-123(a)所示位置时,穿过霍尔元件的磁力线分散,磁场相对较弱;而当齿圈位于图如 3-123(b)所示位置时,穿过霍尔元件的磁力线集中,磁场相对较强。齿圈转动时,穿过霍尔元件的磁力线密度发生变化,因而引起霍尔元件电压的变化,霍尔元件将输出一毫伏级的准正弦波电压。此信号由电子电路转化成标准的脉冲电压。

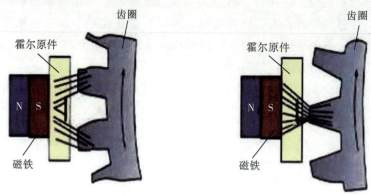

图 3-123　霍尔式轮速传感

2. 两类传感器的特点

(1)电磁式轮速传感器结构简单,成本低,但存在以下缺点:

①其输出信号的幅值是随转速变化而变化的。在规定的转速范围内,其输出信号的幅值一般在 1~15 V,若车速过低,其输出信号低于 1 V,电子控制单元无法检测。

②频率相应不高。当转速过高时,传感器的频率响应跟不上,容易产生误信号。

③抗电磁波干扰能力差。

(2)霍尔式车轮转速传感器克服了电磁式传感器的缺点,其输出信号电压幅值不受转速的影响,频率响应高,抗电磁波干扰能力强。因此,霍尔传感器在 ABS 系统中的应用越来越广泛。

3.7.3　制动压力调节器

3.7.3.1　功用和类型

1. 功用

制动压力调节器的功用是在制动时根据 ABS 电子控制单元(ECU)的控制指令,自动调节制动轮缸制动压力的大小,防止车轮抱死,并处于理想滑移率的状态。

2. 类型

(1)根据压力调节器的动力源不同,制动压力调节器分为液压式和气压式两种。液压式主要用于轿车和一些轻型载货汽车上;气压式主要用在大型客车和载货汽车上。

(2)根据压力调节器与制动主缸的结构关系,制动压力调节器可分为整体式和分离式两种。整体式制动压力调节器与制动主缸制成一体;分离式制动压力调节器自成一体,通过制动管路与制动主缸相连。

(3)根据压力调节器的调压方式,制动压力调节器可分为循环式和可变容积式两种。循环式制动压力调节器通过电磁阀直接控制轮缸的制动压力;而可变容积式制动压力调节器通过电磁阀间接改变轮缸的制动压力。

3.7.3.2 基本组成和工作原理

1. 循环式制动压力调节器

循环式制动压力调节器主要由制动踏板机构、制动主缸、回油泵、储液器、电磁阀、制动轮缸组成,在制动主缸与轮缸之间串联一电磁阀,直接控制轮缸的制动压力,如图3-124所示。

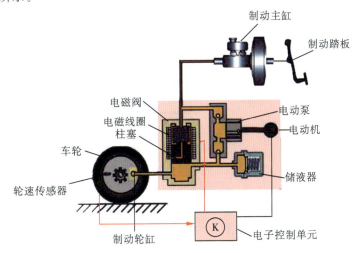

图3-124 循环式制动压力调节器

其工作原理如下:

(1)常规制动过程。

在常规制动过程中,ABS不工作,电磁线圈中无电流通过,电磁阀柱塞在回位弹簧的作用下处于"下端"位置。此时制动主缸与轮缸相通,由制动主缸来的制动液直接进入轮缸,轮缸压力随主缸压力的升高而升高。

(2)保压制动过程。

如图3-125所示,当电子控制单元向电磁线圈输入一个较小的电流时(约为最大电流的 1/2），电磁线圈会产生较小的电磁力，使柱塞处于"中间"位置。此时制动主缸、制动轮缸和回油孔相互隔离，轮缸中的制动压力保持一定。

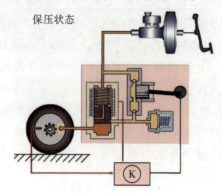

图 3-125 循环式制动压力调节器保压制动过程

(3)减压制动过程。

如图 3-126 所示，当电子控制单元向电磁线圈输入一个最大电流时，电磁线圈产生更大的电磁力，使柱塞处于"上端"位置。此时电磁阀柱塞将轮缸与回油通道或储液器接通，轮缸中的制动液经电磁阀流入储液器，轮缸压力下降。与此同时，电动机启动，带动液压泵工作，将流回储液器的制动液输送回主缸，为下一个制动周期做好准备。

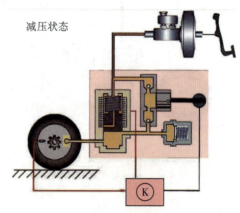

图 3-126 循环式制动压力调节器减压制动过程

(4)增压制动过程。

当制动压力下降后，车轮的转速增加，当电控制单元检测到车轮转速增加太快时，便切断通往电磁阀的电流，使制动主缸与制动轮缸再次相通，制动主缸的高压制动液再次进入制动轮缸，制动力增加，如图 3-127 所示。

制动时，反复进行上述过程，直到解除制动为止。

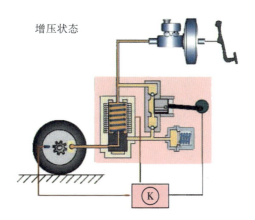

图 3-127 循环式制动压力调节器增压制动过程

2. 可变容积式制动压力调节器

如图 3-128 所示,可变容积式制动压力调节器是通过在汽车原有制动管路上增加一套液压控制装置,用它控制制动管路中制动液容积的增减,从而控制制动压力变化的调节器。它主要由电磁阀、控制活塞、液压泵、蓄能器等组成。

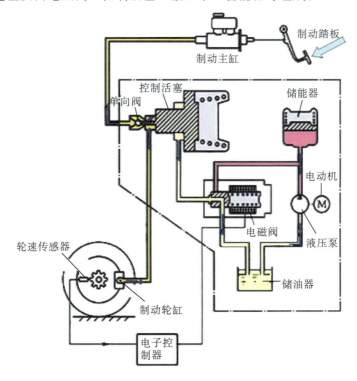

图 3-128 可变容积式制动压力调节器的组成

其工作原理如下:

(1) 常规制动过程。常规制动如图 3-129 所示,电磁线圈中无电流通过,电磁阀柱塞在回位弹簧的作用下使柱塞处于"左端"位置,将控制活塞的工作腔与回油管路接通,控制活塞在弹簧的作用下被推至最左端,活塞顶端推杆将单向阀打开,使制动主缸与制动轮缸的制动管路接通,制动主缸的制动液直接进入制动轮缸,制动轮缸内制动液的压力随制动主缸压力的升高而升高。

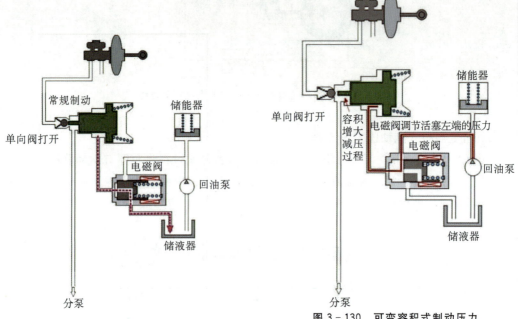

图 3-129 常规制动过程

图 3-130 可变容积式制动压力调节器的减压制动过程

(2) 减压制动过程。如图 3-130 所示,当电子控制单元向电磁线圈输入一大电流时,电磁阀内的柱塞在电磁力作用下克服弹簧弹力移到右边,将蓄能器与控制活塞的工作腔管路接通,制动液进入控制活塞工作腔推动活塞右移,单向阀关闭,制动主缸与制动轮缸之间的通路被切断。同时,控制活塞右移使制动轮缸侧容积增大,制动压力减小。

(3) 保压制动过程。如图 3-131 所示,当电子控制单元向电磁线圈输入一小电流时,由于电磁线圈的电磁力减小,柱塞在弹簧力的作用下左移,将蓄能器、回油管及控制活塞工作腔管路相互关闭。此时,控制活塞左侧的油压保持一定,控制活塞在油压和强力弹簧的共同作用下保持在一定的位置,而此时单向阀仍处于关闭状态,制动轮缸的容积也不发生变化,制动压力保持一定。

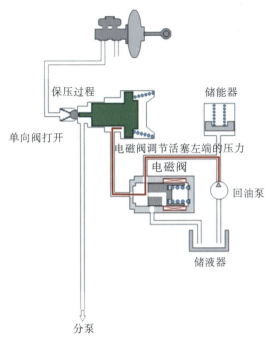

图 3‑131　可变容积式制动压力调节器的保压制动过程

（4）增压状态。需要增压时，电子控制单元切断电磁线圈中的电流，柱塞回到左端的初始位置，控制活塞工作腔与回油管路接通，控制活塞左侧控制油压解除，控制活塞左移至最左端时，单向阀被打开，制动轮缸内的制动液压力将随制动轮缸压力的增大而增大。

3.7.3.3　制动压力调节器结构

图 3‑132 为整体式液压调节器的外观图，它主要由电磁阀体、制动液储液罐、蓄能器、双腔制动主缸与液压助力器、电动泵等组成。

图 3‑132　制动压力调节器的外观图

1. 制动主缸与液压助力器

制动主缸与液压助力器组成一体，它是常规制动系统的液压部件。双腔制动主缸分别向左右两前轮的制动轮缸提供制动液，而液压助力器一是给两后轮的制动轮缸提供制动液，二是给双腔制动主缸提供制动助力，如图3-133所示。

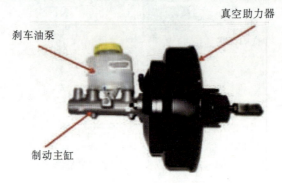

图3-133 制动主缸与液压助力器

2. 电动液压泵

电压液压泵的功用是提高液压制动系统内的制动液压力，为ABS系统正常工作提供基础压力。

电动液压泵通常是直流电动机和柱塞泵的组合体。其中直流电动机的工作由安装在柱塞泵出液口处的压力控制开关控制。当出液口处的压力低于设定的控制压力(14 000 kPa)时，压力开关触点闭合，电动机即通电转动带动柱塞泵运转，将制动液泵送到蓄能器中；当出液口处的压力高于设定的控制压力时，开关触点断开，电动机及柱塞泵因断电而停止工作。如此往复，将柱塞泵出液口和蓄能器处的制动液压力控制在设定的标准值之内。

3. 储液器和蓄能器

1) 储液器

图3-134为常见的活塞-弹簧式储液器，该储液器位于电磁阀和回油泵之间，制动轮缸的制动液进入储液器，进而压缩弹簧使储液器液压腔容积变大，暂时储存制动液，压力较低。

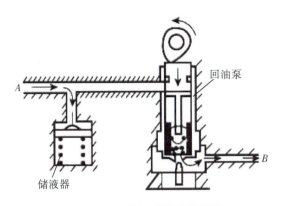

图 3-134 活塞-弹簧式储液器

2）蓄能器

蓄能器的功用是向车轮制动轮缸、制动助力装置供给高压制动液，作为制动能源。

4. 电磁阀

电磁阀是制动压力调节器的重要部件。常用的电磁阀为三位三通阀和二位二通阀，如图 3-135 所示。

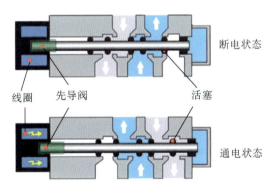

图 3-135 三位三通电磁阀

5. 压力控制、压力警告和液位指示开关

压力控制开关和压力警告开关安装在压力调节器的电动液压泵一侧。

压力控制开关的功用是监视蓄能器下腔的压力。它由一组触点组成，且独立于 ABS 电子控制单元（ECU）。当液压压力下降到约 1 400 kPa 时，开关闭合，使电动液压泵继电器通电，触点闭合，电源通过继电器触点向液压泵直流电动机供电，电动液压泵运转工作。

压力警告开关的功用是当压力下降到一定值（14 000 kPa 以下）时，先点亮红色制动系统故障指示灯，紧接着点亮琥珀色或黄色 ABS 故障指示灯，同时 ABS 电子控制单元停止防抱死制动系统的工作。

液位指示开关位于制动储液室的盖上。它通常有两对触点，当制动液面下降到一定程度时，上面的触点闭合，下面的触点打开。此时，红色制动系统故障指示灯亮，它提醒驾驶员要对车辆的制动液进行检查。而断开的下触点切断了通向 ABS 电子控制单元的电路，发出使电子控制单元停止防抱死制动控制的信号，同时点亮琥珀色 ABS 故障指示灯。

6. 检测

制动压力调节器的检测包括电磁阀、电动液压泵及继电器的检测。使用仪器检测时，进入诊断功能后仪器将按"左前轮→右前轮→左后轮→右后轮"的顺序进行检测。

3.7.4　防抱死制动系统检修

3.7.4.1　检修注意事项

大多数 ABS 都具有较高的工作可靠性，但在使用过程中仍免不了出现工作不良的现象，对此应及时进行检修，以确保制动系统的正常工作。ABS 与常规制动系统相比，有其自身的特点，在检修过程中应在以下几个方面特别注意。

（1）在点火开关处于 ON 位置时，不要拆装系统中的电器元件和线束插头，以免损坏电子控制单元。

（2）在车上用外接电源给蓄电池充电时，要先断开蓄电池正（负）极柱上的电缆线，然后对蓄电池充电，以免损坏电子控制单元。

（3）电子控制单元对高温环境和静电都很敏感，为防止其损坏，在对汽车进行烤漆作业时，应将电子控制单元从车上拆下；在对车体进行电焊之前，应拔下电子控制单元的插接器，并戴好防静电器。

（4）在拆卸制动管路或与其关联的部件之前，应首先释放 ABS 蓄压器内的压力，防上高压制动液喷射伤人。

（5）在更换 ABS 制动管路或橡胶件时，应按规定使用标准件（高压耐腐蚀件），以免管路破损而引起制动突然失灵。

（6）为保证维修质量，应保持维修场地和拆卸器件的清洁干净，防止尘埃物进入压力调节器或制动管路中。

（7）制动液侵蚀油漆的能力较强，因此在维修液压部件和加注制动液时，应防止制动液溅污油漆表面而使油漆失去光泽和变色。

（8）在维修轮速传感器时，应防止碰伤齿圈的轮齿和传感头；也不可将齿圈作为支点撬动。否则，将造成轮齿变形，致使轮速传感器信号不正常，影响 ABS 的正常工作。

3.7.4.2　常规检查

做好常规检查，发现比较明显的故障，可以节省时间，提高效率。常规检查主要包括以下几个方面：

(1) 检查制动液面是否在规定范围内。

(2) 检查所有继电器、熔断丝是否完好，插接是否牢固。

(3) 检查电子控制装置导线插头、插座是否连接良好，有无损坏，搭铁是否良好。

(4) 检查电动液压泵、液压单元、四个轮速传感器、制动液面指示灯开关的导线插头、插座和导线的连接是否良好。

(5) 检查传感器头与齿圈间隙是否符合规定，传感头有无脏污。

(6) 检查蓄电池电压是否在规定范围内。

(7) 检查驻车制动器是否完全释放。

(8) 检查轮胎花纹高度是否符合要求。

3.7.5 迈腾 B8L 轿车防抱死制动系统控制单元、转速传感器的拆装

拆卸和安装 ABS 需要用到的专用工具和维修设备有扭矩扳手 V.A.G 1331、开口环形扳手头 SW 11 V.A.G 1410/6、通用万向节 V.A.G 1410/7、扭矩扳手 V.A.G 1410、制动踏板加载装置 V.A.G 1869/2、装配工具 V.A.G 1410/8，如图 3-136 所示。

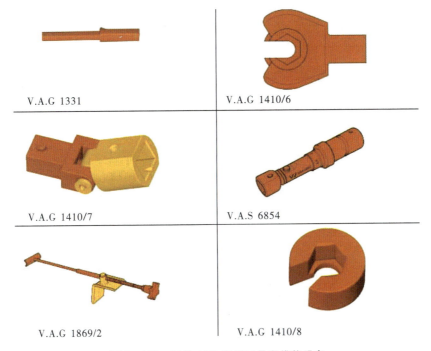

图 3-136　拆装 ABS 专用工具和维修设备

3.7.5.1 控制单元拆卸和安装

1. 拆卸

(1)对于已编码收音机的车辆要注意编码,必要时可询问。

(2)断开蓄电池连接线。

(3)沿图3-137中箭头A的方向脱开固定卡,再沿箭头B的方向拆下隔热板。

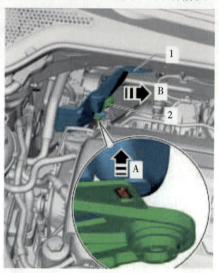

1—隔热板；2—固定卡。

图3-137 脱开固定卡、拆下隔热板

(4)沿箭头A的方向将保险卡向下压,沿箭头B的方向松开电插头,拔出电气连接插头,如图3-138所示。

1—电气连接插头。

图3-138 拔出电气连接插头

(5)安装制动踏板加载装置,如图3-139所示。

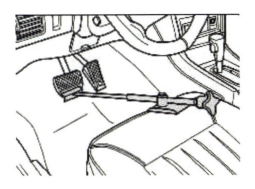

图 3-139 安装制动踏板加载装置

（6）将排气瓶排气软管插到左前制动钳的排气阀上，打开排气阀，如图 3-140 所示。

1—排气瓶排气软管。

图 3-140 排气软管插入左前制动钳排气阀

（7）将排气瓶排气软管插到左后制动钳的排气阀上，打开排气阀。将制动踏板用制动踏板加载装置压下至少 60 mm，关闭左前和左后排气阀，不要拆下制动踏板加载装置。

（8）沿图 3-141 中的箭头方向将液压单元和控制单元向上从减振器中拉出。

1—液压单元和控制单元。

图 3-141 拉出液压单元和控制单元

2. 安装

(1)安装以拆卸的倒序进行。

(2)安装时注意下列事项：

①只有安装相应制动管时，才能去除新的液压单元上的密封塞。

②如果先前已经从液压单元上去除了密封塞，那么制动液就可能流出，从而无法确保充分加注和排气。

③在安装液压单元时，注意不要从托架中压出减振器橡胶。在将 ABS 液压单元 N55 的支架安装到托架前，用硅润滑剂喷射减振器橡胶。用装配工具 V.A.G 1410/8 小心地安装制动管路。

3.7.5.2　转速传感器拆卸和安装

1. 拆卸和安装前桥上的转速传感器

介绍针对左前转速传感器的拆卸和安装，右前转速传感器拆卸和安装方法与之相似。

1）拆卸

(1)升高汽车。

(2)将电气连接插头从左前转速传感器上脱开，拧出螺栓，并从车轮轴承壳体中拔出左前转速传感器，如图 3-142 所示。

1—左前转速传感器；2—螺栓；3—电气连接插头。

图 3-142　拆卸左前转速传感器

2）安装

安装以拆卸的倒序进行，同时要注意：在安装转速传感器前，先清洁孔径的内面；使用耐高温螺栓安装膏涂抹转速传感器四周。

2. 拆卸和安装后桥上的转速传感器

介绍针对左后转速传感器的拆卸和安装，右后转速传感器拆卸和安装方法与之相似。

1)拆卸

(1)升高汽车。

(2)将电气连接插头从左后转速传感器上脱开,拧出螺栓,从车轮轴承壳体中拔出转速传感器,如图3-143所示。

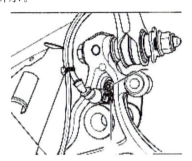

1—螺栓;2—电气连接插头。

图3-143 拆卸后桥上的转速传感器

2)安装

安装以拆卸的倒序进行,同时要注意:在安装转速传感器前,先清洁孔径的内面;使用耐高温螺栓安装膏涂抹转速传感器四周。

任务实施

1. 作业说明

某顾客的迈腾B8L轿车出现车轮开始抱死不转而拖滑的现象,以及制动不灵的问题,可能是ABS电子控制单元插接器松动、轮速传感器导线受到干扰、制动管路中有空气、制动开关线路或插接件脱落、液压单元没有工作、制动液不足或无油、制动油管或制动轮缸漏油等原因造成的,需要检修ABS控制单元、轮速传感器、制动管路、制动开关、液压单元、制动油管或制动轮缸等部件。

2. 技术标准与要求

项目	具体内容
ABS控制单元星形螺栓拧紧扭矩	
ABS控制单元制动管路拧紧扭矩	
ABS控制单元六角带肩螺母拧紧扭矩	

注:请学员查阅维修资料后填写。

3. 设备器材

(1) 设备与零件总成。

_____

_____

(2) 常用工具。

_____

_____

(3) 耗材及其他。

_____

_____

注：请学员根据场地实际设备器材填写。

4. 作业流程

(1) 做好安全防护，清洁总成及工具。

(2) 检查 ABS 相关连接、管路、油液等。

(3) 拆装 ABS 控制单元、转速传感器。

5. 填写考核工单

一、查询并记录车辆及制动系统信息			
车辆型号		生产日期	
制动系统版本		行驶里程	
查询用户手册，记录制动系统保养项目里程及周期			

二、检查 ABS 相关连接、管路、油液	
检查项目	检查结果
ABS 控制单元与制动管路连接是否松脱	是☐　否☐
制动液是否变质	是☐　否☐
制动液是否不足或无油	是☐　否☐
制动油管或制动轮缸是否漏油	是☐　否☐

三、拆装步骤及紧固规格（拆卸后需向考官报备）		
ABS 控制单元、转速传感器拆装步骤	＿＿＿模块＿＿＿任务＿＿＿页	ABS 控制单元星形螺栓紧扭矩、制动管路拧紧扭矩、六角带肩螺母拧紧扭矩

四、检查制动 ABS 控制单元和传感器	
检查项目	检查结果
ABS 电子控制单元插接器是否松动	是☐　否☐
轮速传感器导线是否受干扰	是☐　否☐
制动管路中是否有空气	是☐　否☐
制动开关线路或插接件是否脱落	是☐　否☐
液压单元工作是否良好	是☐　否☐

自我测试

(1) 简述制动防抱死系统的分类。

(2) 试分析制动防抱死系统的工作原理。

(3) 简述拆装制动防抱死系统控制单元、转速传感器的步骤。

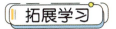

汽车防抱死制动系统的控制技术

汽车防抱死制动系统控制效果受其所应用的控制技术影响很大,所以,汽车防抱死制动系统的发展实则是控制技术的发展。为实现控制技术的有效发展,不仅要拓宽控制范围,增强控制功能,还要引入更理想的控制方法。随着车辆动力学、电子技术的不断发展,现如今汽车防抱死制动系统所采用的控制技术,主要包括有逻辑门限值控制、模糊控制、滑膜控制及PID控制等。

一、逻辑门限值控制

逻辑门限值控制包含各式各样的形式,但工作原理大同小异,首先对相关控制参数设置相应的控制极限值,汽车制动过程中,汽车防抱死制动系统电控单元结合计算的实时参数值与相关控制极限值的大小关系,以评定车轮的运行状态,进一步控制调节制动压力,以得到尽可能大的制动强度及可靠的方向稳定性。该项控制技术中常用作汽车防抱死制动系统控制参数的有车轮滑移率、车轮加减速度及车轮加减速度变化率等反映车轮运动状况或动力学状态的参数。倘若只选取一项控制参数,势必无法保障汽车防抱死制动系统在各式各样的行驶状况下均有良好的性能,所以,现阶段该项控制技术往往将车轮加减速度用作主要控制参数,并将车轮滑移率用作辅助控制参数。需要注意的是,滑移率是结合各轮速信号依据相应规律确定汽车的参考速度后,计算获取的参考滑移率,因此与实际滑移率有一定的不同。

二、模糊控制

针对以汽车滑移率为调节对象的防抱死制动系统,其输入量为期望滑移率与车轮实际滑移率的偏差(E)及偏差的变化率(EC),输出量为制动管路油压。选取带修正因子的模糊控制器,将以模糊推理算法为指导的控制表概述为如下公式:$U=\alpha \times E+(1-\alpha)EC$,其中,$\alpha$代表修正因子,$\alpha$值的大小反映了对偏差及偏差变化率的加权水平。通过控制α,可实现对控制规则的有效调节。若α偏大,则表示对偏差的加权大,阶跃响应速度快,可通过调节能量以缩减偏差,不过也容易引发超调;若α偏小,调节的目的则在于缩减超调,不过响应速度偏慢。一般选取带两个α值的修正因子表达式便可符合性能要求,也就是,当E偏小时,$U=\alpha_1 E+(1-\alpha_1)EC$;当$E$偏大时,$U=\alpha_2 E+(1-\alpha_2)EC$。其中,两个修正因子$\in(0,1)$,并且$\alpha_1<\alpha_2$,汽车防抱死制动系统对$E$值的大小进行评定后,便可选择对应的控制规则表达式。

三、滑膜控制

汽车防抱死制动系统的制动过程本质上即为将车轮的滑移率调节于附着系数的峰值(Sk),因此滑膜控制结构结合系统对应的运行状态、偏差及其导数值,在各个控制区域，以最佳开关的方式转变控制量的大小、符号，进而保证系统在滑移区域尽可能小的范围内，状态轨迹沿滑动转换曲线滑向控制目标。一般情况下，将制动力矩（M_B）作为控制变量，转换前提：当 $S>0$ 时，$M_B=M_{B^-}$；当 $S<0$ 时，$M_B=M_{B^+}$；其中 M_{B^-}、M_{B^+} 对应的是由控制系统所决定的制动力矩增减的两种状态。

四、PID 控制

PID 控制，亦可称之为比例积分微分控制，其包含数字式 PID 控制、增量式 PID 控制及自适应 PID 控制等一系列形式。不过总的而言，倘若将控制误差（e）界定为期望滑移率（S_0）与实际滑移率（S）之差，则对于 PID 的控制可界定为 $U_{(S)}=(K_P+K_i/S+K_dS)E_{(S)}$，其中，$U_{(S)}$、$E_{(S)}$ 指的是系统控制量（U）和偏差（E）的拉氏变换；K_p、K_i、K_d 则分别代表比例系数、积分系数及微分系数。所以，对于汽车防抱死制动系统的设计可界定为结合汽车防抱死制动系统动态系统，获取一组理想的参数 K_p、K_i、K_d，确保汽车车轮滑移率可以用尽可能快的方式贴近期望滑移率（S_0）。PID 控制通常适用于线性或非线性不严重的系统，不过对于其控制参数的调节存在一定难度，因此不易于实现对制动系统的有效控制。

模块四
安全系统检测维修

任务 4.1

汽车安全系统检测维修

任务引入

某顾客的迈腾 B7 轿车在点火启动过程中安全气囊指示灯闪烁几下后一直常亮，经 4S 店维修技师刘技师诊断，安全气囊系统存在故障需对其进行检修。

学习目标

(1) 能够掌握汽车安全系统故障诊断维修的技术。

(2) 能够根据维修手册正确使用专用工具对故障部件进行拆装操作。

(3) 能够正确查阅维修手册及使用检测仪器和设备，并制订修复计划。

(4) 能够掌握安全气囊及安全带的检修技术。

(5) 能够使用工具按照正确的操作方法对安全气囊、安全带、座椅及其他相关部件进行拆装。

(6) 能够掌握电动座椅的检修技术。

(7) 能够对安全带组件进行故障分析。

(8) 能够正确地对汽车安全气囊系统故障进行排查。

(9) 储备更多职业知识技能，更好地适应工作岗位。

(10) 培养安全意识，贯彻落实国家"生产要安全"的要求，树立安全生产理念。

知识准备

4.1.1 汽车安全系统概述

汽车安全系统主要分为两个方面,一方面是主动安全系统,另外一方面是被动安全系统。主动安全作用是避免事故的发生;而被动安全则是在发生事故时汽车对车内成员的保护或对被撞车辆或行人的保护。车体安全也属于主动安全,即车体机构设计材料对外来危险的抵抗能力。所以主动安全性的好坏决定了汽车发生事故概率的多少,而被动安全性的好坏主要决定了事故后车内成员的受伤严重程度。

4.1.1.1 安全气囊系统功用

安全气囊系统是一种被动安全性的保护系统,它与座椅安全带配合使用,当车辆碰撞时在乘员产生二次碰撞前使气囊膨胀,在驾驶员或乘员的前部形成弹性气垫,并及时泄漏、收缩,吸收冲击能量,从而有效保护人体的头部和胸部,使之免于伤害或减轻伤害程度。在汽车相撞时,汽车安全气囊可使头部受伤率减少 25%,面部受伤率减少 80% 左右。

4.1.1.2 安全气囊系统组成

迈腾 B7 轿车安全气囊系统由碰撞传感器、整体式安全气囊模块、安全气囊控制器、安全带总成及线束组成,如图 4-1、图 4-2 所示。

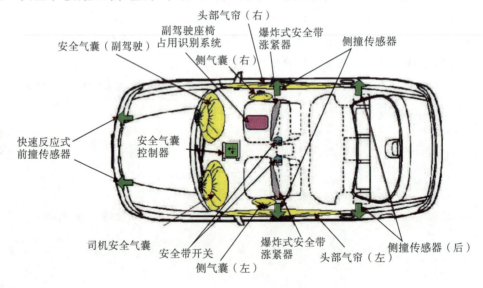

图 4-1 迈腾 B7 轿车安全气囊系统

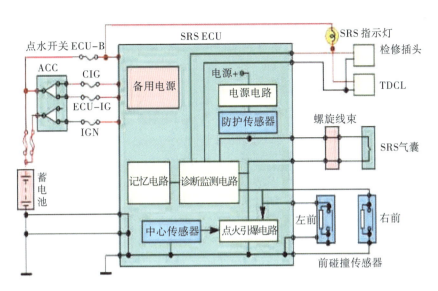

图 4-2 迈腾 B7 轿车安全气囊系统电路

4.1.1.3 安全气囊系统分类

气囊按数量分为单气囊系统（只装在驾驶员侧）和双气囊系统（驾驶员侧和副驾驶员侧各有一个安全气囊）。

气囊按大小分为安全气囊（保护全身）、大型气囊（保护整个上身）、小型护面气囊（主要保护面部）。

按照保护对象的不同分为驾驶员防撞安全气囊、前排乘员防撞安全气囊、后排乘员防撞安全气囊、侧面防撞安全气囊。

整体式安全气囊模块由气囊与气体发生器组成，气体发生器接到安全气囊模块的信号后引燃气体发生剂，产生大量气体，经过滤并冷却后进入气囊，使气囊在极短的时间内突破衬垫迅速展开，如图 4-3 所示。

图 4-3 整体式安全气囊模块

4.1.1.4 安全气囊碰撞被引爆条件

当完全的正前方或斜交的撞击发生时，它根据纵向减速度的大小而被触发。安全气囊触发与否取决于撞车时轿车的减速率（减速度）与控制单元设定的减速率，若撞车时轿车的减速率小于控制单元设定的基准值，即使碰撞可能严重损坏轿车，系统也不会触发安全气囊。

安全气囊并不是在任何碰撞中都会启动，只有满足碰撞角度（汽车受撞击方向与车辆的中心线夹角小于30°，发生正面碰撞，且方向在汽车总轴线两侧30°）和碰撞强度够大这两个条件时才启动。正面冲击力同汽车轴线夹角必须小于30°，才能使气囊胀开。另外如果车速不超过20 km/h是不会启动的，因为低于20 km/h的车速发生碰撞，虽然能够损坏车头，但是车头的塑性变形区和安全带已经可以为乘员提供有效的保护，此时安全气囊不需要启动。一般情况下，安全气囊会在车速超过30 km/h时发生撞击后才会启动。碰撞角度示意图如图4-4所示。

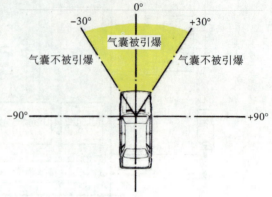

图4-4 碰撞角度示意图

4.1.1.5 迈腾B7轿车驾驶员侧安全气囊单元拆装

1. 拆卸

（1）打开点火开关。

（2）将转向盘调到最低位置。

（3）将转向盘调低到尽量位于乘客区的深度。

（4）将转向盘转到如图4-5所示的位置。

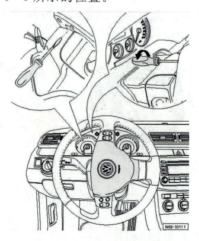

图4-5 拆卸安全气囊单元

(5)将螺丝刀插入转向盘背面的孔中,直至达到限位位置(约 8 mm)。

(6)沿驾驶员车门方向转动螺丝刀(如图 4-5 中的箭头所示),这样,转向盘右侧安全气囊单元的卡子就可解锁。

(7)转动转向盘 180°,松开转向盘左侧的安全气囊单元卡子。

(8)将转向盘旋转 90°,回到中间位置。

(9)关闭点火装置。

(10)脱开车辆蓄电池接线。

(11)从转向盘上脱开安全气囊单元。

(12)沿图 4-6 中的箭头方向松开插头锁扣,并拔出安全气囊插头。

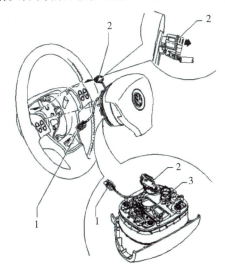

1—插头;2—安全气囊插头;3—线束。

图 4-6 拔出安全气囊插头

2. 安装

(1)检查导线束是否按照要求铺设好。

(2)将安全气囊插头插入插座中,必须听到安全气囊插头插入的声音。

(3)将插头插入插座中。

(4)将安全气囊单元压入转向盘。

(5)检查安全气囊单元是否嵌入转向盘左右侧。

(6)打开点火开关。

(7)连上车辆蓄电池接线。

4.1.1.6 碰撞传感器的作用及分类

碰撞传感器负责感知碰撞并向安全气囊模块发出展开指令,其结构如图 4-7 所示。

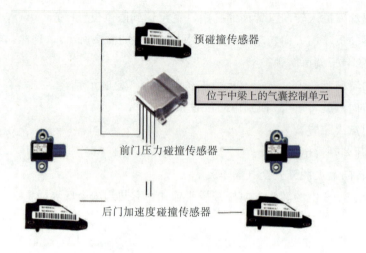

图 4-7 碰撞传感器

单独形式的碰撞传感器根据其功能属性和气囊配置分为正面和侧面两种，正面碰撞传感器一般安装于保险杠横梁、前轮左右侧翼子板、前轮减振器支座等部位；侧面碰撞传感器安装在座椅底梁、B柱、车门板横梁等部位。

现代汽车大多采用电子式碰撞传感器，按其工作原理可分为电阻应变式和压电效应式两种类型；按其信号测量方式可分为加速度型碰撞传感器和压力型碰撞传感器。

碰撞传感器负责检测碰撞的强度，看气囊是否需要打开。如果汽车以 40 km/h 的车速撞到一辆停放着的、同样大小的汽车上，或者以不低于 22 km/h 的车速迎面撞到一个不可变形的固定障碍物上，碰撞传感器便会动作，接通接地回路。有些车型的 SRS ECU 内部设有碰撞传感器，称为中央碰撞传感器；有些车型为了能够进行精确测量，在其易撞部位设置了单独形式的碰撞传感器。

安全传感器也称为触发传感器，其闭合的减速度要稍小一些，起保险作用，防止因碰撞传感器短路而造成误打开。

4.1.1.7 安全气囊警示灯与安全气囊电源

1. 安全气囊指示灯

安全气囊警示灯装在仪表板上，有的用图形显示，有的用字母显示。安全气囊警示灯可反映安全气囊系统的工作情况。一般把点火开关置于"ON"挡后警示灯先闪亮（或不间断亮）6～8 s 后熄灭，说明安全气囊系统正常，如果安全气囊警示灯不亮，或不停闪耀或常亮则说明安全气囊系统有故障。

2. 安全气囊电源

能给气囊引爆器提供电源的渠道有两种：①系统中的电容器；②蓄电池。蓄电池是一种备用设备，也是一种为引爆点火器提供电源的装置。它是通过电源输出导线把电送给安全气囊电脑的。

4.1.1.8 安全气囊控制器

中央控制器由 CPU、RAM、ROM、接口、驱动器等电子电路组成。多数是由单片机加上其他电路组成。一般做成两块印刷电路板,外壳用金属制作,一方面加强机械强度,另一方面可以屏蔽外界的电磁波干扰。它通过牢固的插接件,把传感器等输入信号及引爆器、报警器等输出信号和中央控制器连接起来。一般电路图上的接线标号就是插接件上的标号。

4.1.1.9 迈腾 B7 轿车安全气囊控制单元拆装

1. 拆卸

(1)脱开车辆蓄电池接线。
(2)拆下脚部空间饰板。
(3)从副驾驶员侧的脚部空间用车头钩子 3370 探入插头的闭锁件后端。
(4)向外拉出车头钩子 3370,从而松开插头的防护装置。
(5)向后翻转锁,将插头从控制单元脱开。
(6)取下图 4-8 中箭头所指的三个螺母。
(7)从车辆中取出控制单元。

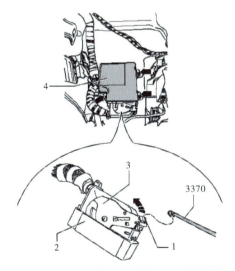

1—闭锁件;2—插头;3—锁扣;4—控制单元。

图 4-8 拆卸安全气囊控制单元

2. 安装

(1)安装大体按照拆卸的倒序进行。
(2)打开点火开关。

(3)连上车辆蓄电池接线。

(4)如果更换了控制单元,则必须进行部件匹配(设码)。

①在车辆诊断、测量和信息系统 V.A.S 5051 A 中选择"引导型故障查询";

②按压按钮"跳转";

③选择"功能或部件选择";

④选择"车身";

⑤选择"车身装配工作";

⑥选择"01 具有自诊断功能的系统";

⑦选择"安全气囊";

⑧选择"功能";

⑨选择"操作"。

4.1.2 预紧式安全带

预紧式安全带也称预缩式安全带。当汽车发生碰撞时,电雷管(引爆管)由 CPU 控制接通电源引爆气化剂,活塞在膨胀气体作用下迅速下移,并带动安全带迅速预紧,将驾乘人员向座椅靠背拉动,防止他们冲向汽车前方。预紧式安全带控制装置和预拉紧装置如图 4-9 所示。

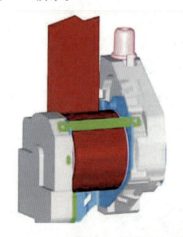
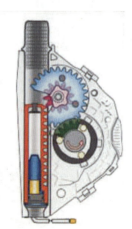

图 4-9 预紧式安全带控制装置和预拉紧装置

预紧式安全带的特点是当汽车发生碰撞事故的一瞬间,乘员尚未向前移动时它会首先拉紧织带,立即将乘员紧紧地绑在座椅上,然后锁止织带防止乘员身体前倾,有效保护乘员的安全。预紧式安全带中起主要作用的卷收器与普通安全带不同,除了具有普通卷收器的收放织带功能外,还具有当车速急剧变化时,能够在 0.1 s 左右加强对乘员约束力的功能,因此它还有控制装置和预拉紧装置。

4.1.2.1 收紧装置

安全带收紧装置由气体发生器、缸筒、活塞及与活塞连在一起的拉索组成。为不影响安全带的正常工作，拉索绕在鼓轮上，而不与轴的外表面接触。当收紧器动作时，由气体发生器释放出的大量气体迫使活塞向下运动。由于拉索与活塞连在一起，所以活塞带动拉索使鼓轮向收紧安全带的方向转动，使安全带收紧。当收紧一定长度后，安全带便无法被拉出或回缩。

4.1.2.2 安装位置及分类

安全带预紧器安装在前排座椅的左右两外侧，它包括电雷管、气化剂、气缸活塞和导线等。安全带张紧器分为两种，一种带引爆装置，一种不带引爆装置。

4.1.2.3 结构及工作原理

现代轿车预紧式卷收器的控制装置一般采用电子式控制装置，这种安全带通常与辅助安全气囊组合使用，该系统由电子触发装置（与气囊共享）、安全带卷收器、能量储备装置等组成。当电子控制单元（ECU）检测到汽车加速度的不正常变化时，经过ECU处理将信号发送至卷收器的控制装置，当超过给定的减速度界限值时，电子控制系统便发出点火指令，通过点燃触发器内的工作介质，形成高压推动活塞运动，活塞以较高的速度冲向相关的机械部件带动安全带卷筒转动，使安全带能够进一步勒紧乘员的身体。

该收紧器由一个传感器负责收集撞车信息，然后释放出电脉冲，该脉冲传递到气体发生器上引爆气体。爆炸产生的气体在管道内迅速膨胀，压向球链，使球在管路内往前窜，带动棘爪盘转动（棘爪盘跟轴连为一体，安全带绕在轴上）。也就是气体压力使球移动，球带动棘爪盘转动，棘爪盘带动轴转动瞬间实现了安全带的预收紧功能，如图4-10所示。从感知碰撞事故到完成安全带预收紧仅持续千分之几秒。管道末端是一截空腔，用于容留滚过来的球。

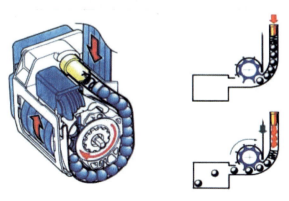

图4-10 预紧式安全带工作过程

收紧机构的具体构造因制造厂家的不同而有差异,但工作原理均相同。

4.1.2.4 锁扣开关作用

ECU 根据锁扣开关的信号识别安全带的状态,从而在发生碰撞时决定是否触发相关安全带的引爆装置。

4.1.2.5 迈腾 B7 轿车前部安全带拆装

1. 拆卸(图 4-11)

(1)脱开车辆蓄电池接线。

(2)拆卸 B 柱上部饰板。

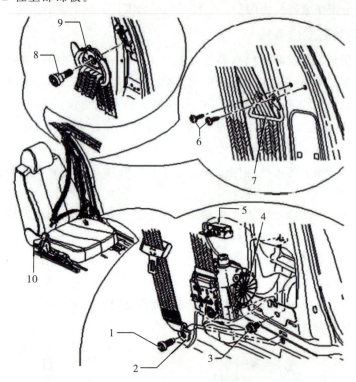

1—螺栓;2—安全带端部结合件;3—螺栓;4—B柱安全带自动回卷装置;5—线束;
6—螺栓;7—安全带导向件;8—螺栓;9—安全带导向片;10—安全带锁。

图 4-11 拆卸前部安全带

(3)拆卸 B 柱下部饰板。

(4)旋出螺栓,从车身中松开安全带锁扣。

(5)旋出螺栓,取出 B 柱安全带自动回卷装置。

(6)脱开安全带自动回卷装置的线束。

(7)松开车身托架的线束接头。

(8)旋出螺栓，取下安全带导向件。

(9)旋出螺栓，从安全带高度调节装置上松开安全带导向片。

2. **安装**

(1)安装大体按照拆卸的倒序进行。

(2)接上车辆蓄电池接线。

4.1.3 电动座椅

4.1.3.1 概述

驾驶位电动调节是指驾驶座椅的调节方式为电动调节，一般配置较高的车辆会配备驾驶座椅电动调节，高端车型会同时配备副驾驶座椅电动调节。

驾驶位电动调节就是通过电动机的控制来调节座椅的前后位置、上下高度、靠背角度，豪华车型的可以调节腿部支撑、腰部支撑等。电动座椅调节可以使人员处于一个相对舒适的驾驶位置。由于采用电动机调整，底部在螺杆上进行移动，因此要比手动调节更简便、省力，而且也可以实现无级调整。

为了实现座椅位置的调节，电动座椅主要由若干个双向电动机、传动装置和控制开关等组成。双向电动机产生动力，传动装置可以把动力传至座椅，通过控制开关实现座椅不同位置的调节。

按照座椅电动机数目和可调方向数目的不同，一般可分为二向、四向、六向、八向、十向和多向可调电动座椅。

(1)电动座椅开关如图4-12所示，其中：

①调整座椅前后位置及座椅高度和倾斜度；

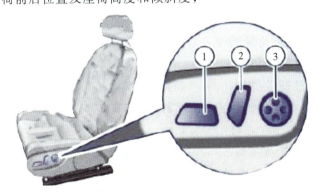

图4-12 电动座椅开关

②调整靠背角度；

③调整腰部支撑。

4.1.3.2 电动座椅电动机

电动座椅多采用双向电动机,即电枢的旋转方向随电流方向的改变而改变。电动座椅中通过开关控制通过电动机的电流方向,使电动机按不同的电流方向进行正转或反转,从而达到座椅调节的目的。

该座椅共设置了滑动电动机、前垂直电动机、倾斜电动机、后垂直电动机和腰垫电动机,分别对座椅的前后滑动、前部上下移动、靠背前后倾斜、后部上下移动及腰垫前后移动等多个方向进行调节,如图 4-13 所示。

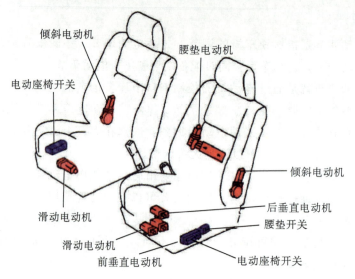

图 4-13 电动座椅电动机

4.1.3.3 电动座椅工作原理

电动座椅开关有一个共同特点:均为常搭铁型结构,即电动机没有动作时,电动机两端通过开关搭铁;当开关打向其中一侧时,动作侧开关接通电源。

每个电动机中均设有断路器,当座椅位置调整到极限时,流过电动机的电流增加,断路器断开,切开电动机电流,保护电动机不被烧损;松开开关,冷却后,断路器又重新复位,如图 4-14 所示。

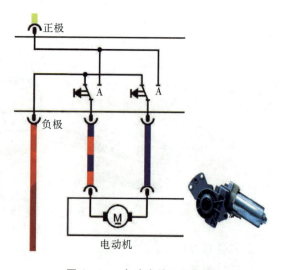

图 4-14 电动座椅工作原理

4.1.3.4 电动座椅加热工作原理

座椅加热是指利用座椅内的电加热丝对座椅内部加热,并通过热传递将热量传递给乘坐者,改善冬天时座椅温度低造成的乘坐不舒适感。

为了提高车内乘员的舒适性,控制座椅加热温度在一定的范围内,在座椅加热垫内布置了温度传感器,对温度进行实时监测和反馈。

座椅加热开关把开关信号传递给加热座椅控制单元,控制单元接通座椅内部的电加热丝开始产生热量,提高座椅和靠背的温度,如图 4-15 所示。

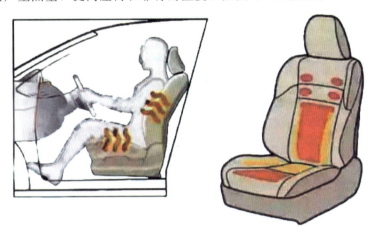

图 4-15 电动座椅加热工作原理

4.1.3.5 电动座椅检查方法

若电动机运转但座椅不动,首先看是否已到极限位置,然后检查电动机相关的传动部分是否磨损过大或卡住,必要时要进行更换。若电动机不转,应检查电路中是否有断路,保险丝是否烧坏,搭铁情况是否良好,然后进行如下元件检测。

1)电动座椅控制开关的检测

(1)拔出控制开关的连接器。

(2)检查各端子的导通情况,如果不导通应更换控制开关。

2)电动座椅电动机的检测

(1)拆下座椅电动机的连接器。

(2)将电动机的两个端子分别接蓄电池正、负极,检查各电动机的工作情况,若电动机不转,应更换电动机。

4.1.3.6 迈腾 B7 轿车前座椅拆装

1. 拆卸

(1)纵向调节座椅直至最前端位置。

(2)旋出螺栓3和4。

(3)纵向调节座椅直至最后端位置。

(4)为了在后面的工序中能拆下安全带锁,有必要把座椅向前移动大约4 cm。

(5)脱开车辆蓄电池接线。

(6)将盖罩从接线板上拆除。

(7)根据相应的车辆配置,脱开接线板上的座椅线束。

(8)将安全气囊适配器 V.A.S 6229 插到侧面安全气囊的线束上。

(9)旋出螺栓1和2。

(10)将线束从其车身底板的支架上拆下,如图4-16所示。

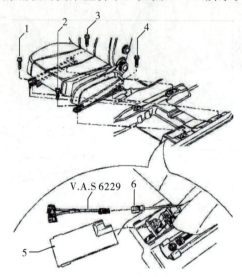

1,2,3,4—螺栓;5—盖罩;6—线束。

图4-16 拆卸前座椅

2. 安装

(1)将座椅通过前车门抬进汽车。

(2)将座椅通过通道侧的对中销放置在车身底板相应的开口中。

(3)向后翻折座椅直至靠背放倒在后座坐垫上。

(4)拆下安全气囊适配器 V.A.S 6229。

(5)将侧面安全气囊的线束卡入接线板。

(6)根据汽车装备的不同,将剩余的线束卡入接线板。

(7)将线束固定到车身底板的定位件上并将盖罩装到接线板上。

(8)向前放下座椅,通道侧的对中销必须放置在车身底板相应的开口中。

(9)拧紧螺栓1(拧紧力矩40 N·m)。

(10)拧紧螺栓2(拧紧力矩40 N·m)。

(11)打开点火开关。

(12)接上车辆蓄电池接线。

(13)纵向调节座椅直至最前端位置。

(14)拧紧螺栓3、4(拧紧力矩40 N·m)。

任务实施

1. 作业说明

某顾客的迈腾B7轿车在点火启动过程中安全气囊指示灯闪烁几下后一直常亮,可能是气囊电脑控制器ECU故障、碰撞传感器故障、气囊故障、滑环故障、安全气囊诊断程序故障、驾驶员气囊模块故障、副驾驶员座椅占用错误信号等原因造成的,需对其系统进行检修。

2. 常用工具、设备、耗材

(1)设备与零件总成。

_____

_____

(2)常用工具。

_____

_____

(3)耗材及其他。

_____

_____

3. 结合作业说明制订计划

(1)工作步骤。

_____

_____

(2)注意事项。

_____

_____

注:请学员根据使用设备器材填写。

4. 维修安全气囊系统注意事项

(1)戴防护眼镜和保护手套。

(2)安全气囊单元无更换周期。

(3)严禁使用检测灯、电压表或欧姆表进行检测。

(4)只允许在已安装的状态下,使用制造商许可的车辆诊断、测量和信息系统检测燃爆式部件。

(5)对燃爆式部件和安全气囊控制单元进行操作时,必须在已打开点火开关的情况下断开蓄电池接地,然后盖住负极,断开蓄电池后必须等待 10 秒钟。

(6)接触过已触发的安全带拉紧系统燃爆式部件后必须洗手。

(7)既不允许打开,也不允许维修燃爆式部件,只使用新部件(否则会有受伤危险)。

(8)如果燃爆式部件曾落到坚硬的底板上或受到损坏,则不允许再安装。

(9)在操作安全带拉紧系统的燃爆式部件之前(如脱开电气插头连接),维修人员必须排除自身静电,通过短暂触摸诸如车门锁止楔之类的接地金属零部件可释放自身静电。

(10)从运输容器中取出燃爆式部件后,必须立即安装。

(11)在作业中断时,必须将燃爆式部件重新放回运输容器中。

(12)不允许随意放置燃爆式部件。

5. 维修预紧安全带注意事项

(1)检查、装配和维修工作只允许由受过培训的人员来进行。

(2)收紧器的零部件既不允许拆开,也不允许修理;原则上只能使用新部件,以防止受伤的危险。

(3)受过剧烈碰撞或在地上摔过的收紧器单元不允许再安装到车辆上。

(4)有机械损坏(凸凹痕、裂缝)的收紧器单元原则上要更新。

(5)不允许随意放置收紧器单元。工作中断时,要把收紧器单元重新放回到运输容器中。

(6)收紧器单元不可用油脂、清洁剂或类似的物质处理,而且绝对不允许放置在 100 ℃以上的温度下。

(7)燃爆式填药无失效期,它可以无限期保存,无需维护。

(8)存放拆下的或新的安全带时,双锁式插接器锁柄应处于销定位置,务必注意不能损坏插接器。

(9)切不可用万用表测量座椅电动安全带收紧器的电阻,以防收紧器被触发。

(10)安全带上不得沾油或水,不可用任何类型的洗涤剂清洗。

(11)报废车辆或仅报废安全带时,在报废前应使安全带收紧器起作用,此项操作应在远离电场干扰的地方进行。

6. 任务工单

读取 SRS 系统数据流

工作内容：读取第一组、第二组数据流		车型：	
第一组			
第一区		第二区	
标准值	实际值	标准值	实际值
第三区		第四区	
标准值	实际值	标准值	实际值
第二组			
第一区		第二区	
标准值	实际值	标准值	实际值
第三区		第四区	
标准值	实际值	标准值	实际值

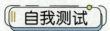

(1) 简述汽车安全气囊的工作原理。

(2) 简述汽车电动座椅的工作原理。

(3) 简述安全气囊拆装的注意事项。

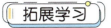

汽车主动安全技术

随着社会的发展，交通安全问题越来越凸显，传统的汽车安全理念也在逐渐发生变化，传统的安全理念很被动，比如安全带、安全气囊、保险杠等多是些被动的方法并不能有效避免交通事故的发生，随着科技的进步，汽车的安全被细化，汽车安全被分为主动安全、被动安全两种概念。

交通安全问题已成为世界性的大问题。据报载，全世界每年因交通事故死亡的人数约 50 万，因此汽车的安全性对人类生命财产的影响是不言而喻的。随着高速公路的发展和汽车性能的提高，汽车行驶速度也相应加快，加之汽车数量增加及交通运输日益繁忙，汽车事故增多所引起的人员伤亡和财产损失，已成为一个不容忽视的社会问题，汽车的行车安全更显得非常重要。而传统的被动安全远远不能避免交通事故的发生，因此主动安全的概念慢慢形成并不断地完善。

为预防汽车发生事故，避免人员受到伤害而采取的安全设计，称为主动安全设计，如防抱死制动系统（ABS）、电子制动力分配系统（EBD）、牵引力控制系统（TCS）、电子稳定系统（ESP）、紧急刹车辅助系统（EBA）等都是主动安全设计。它们的特点是提高汽车的行驶稳定性，尽力防止车祸发生。其他像高位刹车灯，前后雾灯，后窗除雾灯也是主动安全设计。

未来汽车电子控制的重要发展方向之一是汽车安全领域，并向几个方向发展：利用雷达技术和车载摄像技术开发各种自动避撞系统；利用近红外技术开发各种能监测驾驶员行为的安全系统；高性能的轮胎综合监测系统；自适应自动巡航控制系统；驾驶员身份识别系统；安全气囊和 ABS/ASR。

任务4.2

防碰撞预警系统检测维修

任务引入

某奔驰车型的防碰撞预警系统出现故障无法使用，需要进行修理，经省级技能大师刘师傅综合诊断后，将问题锁定在系统电源上，需对车辆防碰撞预警系统进行检修。

学习目标

（1）掌握防碰撞预警系统的结构与工作过程。
（2）掌握防碰撞预警系统的工作原理。
（3）掌握防碰撞预警系统的设计过程。
（4）掌握检查与维修常见防碰撞预警系统故障的方法。
（5）能够检修防碰撞预警系统。
（6）树立正确的职业价值观，热爱汽车检修工作，能够很好地融入企业。
（7）培养热爱劳动的精神，具备踏实肯干的职业素养，树立劳动光荣的理念。

4.2.1 汽车防碰撞预警系统概述

4.2.1.1 沃尔沃城市安全系统

尽管各个厂商都在安全领域努力着，但沃尔沃一直被认为是安全领域的倡导者，它也是第一个将城市安全系统这项高科技装备列为标配的汽车厂商。

城市安全系统是为了帮助驾驶员避免低速行驶时的追尾事故而开发的，如图4-17所示。当前大城市的交通高峰时段，车流量较大，路况复杂，平均行车速度通常会低于30 km/h，这正是低速行车安全系统发挥作用的最佳时刻，而驾驶员在长时间堵车的情况下非常容易麻痹，城市安全系统设计的目的正是解决这一问题。

图4-17 城市安全系统

以与前方车辆的距离和汽车本身的车速为基础，城市安全系统每秒进行50次计算，从而确定避免碰撞所需要的制动力。如果计算的制动力超过了一定值而驾驶员仍然没有做出反应，那么该系统便认定碰撞即将发生，将通过自动制动和减小油门来避免碰撞或降低碰撞的严重程度，同时刹车灯闪烁以警示其他车辆。

当车速低于30 km/h，并且检测到追尾即将发生而驾驶员未采取措施时，车辆可以自动刹停；当车速等于或高于30 km/h时，车辆最大能提供50%的制动力，以防后车追尾。目前，这套城市安全系统已经成为沃尔沃S60和XC60的标配。

4.2.1.2 沃尔沃行人安全系统

在沃尔沃S60车上还可以选装行人安全系统，它依靠180 m距离的毫米波雷达和摄像头共同作用，可以探测身高为80 cm以上的行人，在车速低于35 km/h时，如果有行人进入车辆的行进路线，车辆会进行全力刹车，尽可能避免事故或者降低事故发生的概率；若行驶速度高于35 km/h，车辆也会自动减速来规避风险，如图4-18所示。该系统能够同时识别 10 个行人。

图 4-18 行人安全系统

4.2.1.3 大众及斯巴鲁防碰撞预警系统

大众是最早在合资车中安装防碰撞预警系统的厂商，不过由于只配备在销量较少的 CC 车型顶配版本上，因此似乎很少被人提及。它的工作原理与沃尔沃城市安全系统相似，依靠前部雷达传感器和车载计算机收集障碍物信息，在车速低于 30 km/h 时，如果车辆意识到前方有危险，会对驾驶员发出声音提示，如果驾驶员仍然没有及时做出反应，车辆就会自动进行制动。

在斯巴鲁力狮上也能看到低速（30 km/h 以下）防碰撞预警系统，厂商称之为 Eye-Sight，它是利用车辆前方的立体摄像头来识别障碍的，其效果与其他防碰撞预警系统基本相似。

4.2.1.4 日产防碰撞预警系统

无论对车辆还是行人，30 km/h 以下的车速发生碰撞往往只会造成轻伤，而速度到 40~60 km/h 时，车辆造成的死亡事故就会陡然上升，因此日产将防碰撞预警系统的作用车速提高到 60 km/h。

按照现在的规定和技术，在 1.4 s 内，30 km/h 的车速采取制动是极限，如果以更高的油压实施制动的话，轮胎可能会有侧滑的危险。因此，日产防碰撞预警系统必须在碰撞发生的 1.4 s 之前启动制动。该系统利用毫米波雷达在碰撞前 6 s 左右就告知驾驶员存在碰撞危险。如果驾驶员不采取措施，系统就自动在碰撞前 1.4~6 s 执行弱制动，将车速降至 30 km/h，最后 1.4 s 执行强制动，避免碰撞发生。

该系统由具有自适应巡航控制（adaptive cruise control，简称 ACC）功能的自动制动器和避免碰撞的自动制动器组合而成。

日产结合 ACC 概念的防碰撞预警系统，优点不仅在于能够支持较高的时速，而且由于启功时间早，传感器也可以不采用高性能产品，这样有利于节省制造成本。由于早期就实施弱制动，因此在碰撞前 1.4 s 内启动的自动制动器即使制动力弱也没关系。

因此，不仅能够减轻紧急制动时对乘员的影响，还能够减小被后方车辆追尾的危险性。

4.2.2 防碰撞预警系统组成与工作原理

4.2.2.1 组成

汽车防碰撞预警系统主要由行车环境监测系统、防碰撞判断系统和车辆控制系统三部分组成，如图4-19所示。

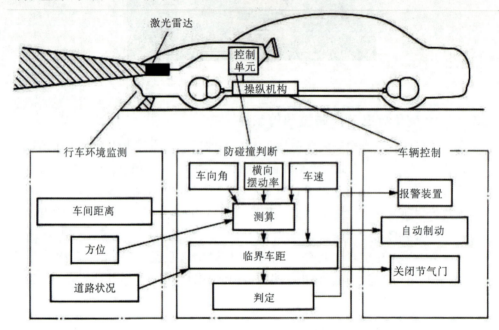

图4-19 汽车防碰撞预警系统组成

1. 行车环境监测系统

行车环境监测系统由测量车间距离和前面车辆方位的测距传感器及能判定路面状况的道路传感器组成。

测距传感器安装在车辆前端的中央位置，主要功能是测量车间距离和前面车辆的方位，并将所测数据传输到防碰撞判断系统。

2. 防碰撞判断系统

防碰撞判断分为两步：第一步是进行路径估计，从测距传感器所获得的和距离和方位相关的大量数据中抽取有用数据；第二步是进行安全/危险判定，判断碰撞的危险程度。

3. 车辆控制系统

车辆控制系统由安全/危险预警信号控制的自动制动操作机构、制动防抱死系统

(ABS)组成,并采用高速电磁阀进行纵向加速度反馈控制。自动制动操作机构的优点是当机构处于工作状态时,如果驾驶员的脚制动力大于自动制动控制的制动力,那么驾驶员的脚制动力有效,一旦自动制动操作机构失灵,行车制动系统并不受影响。

4.2.2.2 工作原理

系统采用测距传感器在水平面上呈扇形快速扫描,提高激光束的能量密度,可延长测距传感器的监测距离,消除因车辆颠簸引起的误差,并能监测弯道上的障碍物。

最小的传感器监测范围(一般在 120 m 以上)是由实际车间距离确定的。该车间距离是指在潮湿路面的状况下,保证在后面车辆减速制动后,不致碰撞到前面的暂停车辆的距离。

根据路面状况(湿/干)、后面车速及相对车速,计算出临界车间距离,该值是根据路径估算方法确定的车间距离。当实际测量的车间距离等于或小于临界车间距离时,防碰撞预警系统判定为危险,自动制动控制系统启动。

4.2.3 防碰撞预警系统使用

4.2.3.1 防碰撞预警系统的五种警示功能

防碰撞预警系统的主要警示功能包括(低速时)前方车辆和行人碰撞警示、车道偏离警示、前方车距监测与警示,不仅能通过蜂鸣声报警,还能通过显示装置向驾驶员报警。

(1)前方车辆碰撞警示(FCW)。在碰撞可能发生之前的 2.7 s,车辆图标将变成红色,同时大声发出"哔哔哔哔"的警报,提醒驾驶员踩刹车。

(2)低速时前方车辆碰撞警示(UFCW)。低速时前方车辆碰撞警示,也称为虚拟保险杠。事先在自车保险杠前方 1~2 m 处设定虚拟保险杠,在车速低于 30 km/h 的情况下,当前方车辆接近到触碰虚拟保险杠的距离时,发出"哔哔"的警报声。其作用是防止堵车和等信号灯时发生碰撞。

(3)行人碰撞警示(PCW)。在检测到前方 30 m 以内有行人时,首先会点亮红色的行人标志,在行人进入危险距离可能发生碰撞的 2 s 前发出"哔哔"的蜂鸣声。

(4)车道偏离警示(LDW)。当汽车速度达到 55 km/h 以上,无意偏离车道时,显示器将显示偏离一侧车道的标志,同时发出"嘟嘟嘟"的警告声。若是打开转向灯变更车道,则判断为有意偏离车道,不会发出报警声,也不会显示图标。

(5)前方车距监测与警示(HMW)。前方车距监测与警示显示的是本车和前车的车距除以本车秒速得到的数值。当与前车的车距小于车辆行驶 2.5 s 所移动的距离时,显示器将显示行驶这段车距所需的秒数,当小于事先设定的秒数时,代表车辆的图标将变成红色,并鸣响"哔"的蜂鸣声报警。检测距离最远为 90 m 左右。

如上所述,由于每种警示的报警声各不相同,因此在熟悉之后,驾驶员无须查看显示装置，就可以根据声音判断警示类别。

4.2.3.2　防碰撞预警系统的事故预防率

防碰撞预警系统在降低交通事故发生概率上的效果已经得到了验证。预警时间与碰撞概率的关系如图 4-20 所示，调查结果显示，对于前方碰撞，如果在发生事故前 0.5 s 发出报警，碰撞的概率最低将降低到 35%，如果能提前 2.0 s 察觉到危险并通知驾驶员，基本可以 100% 防止事故发生。

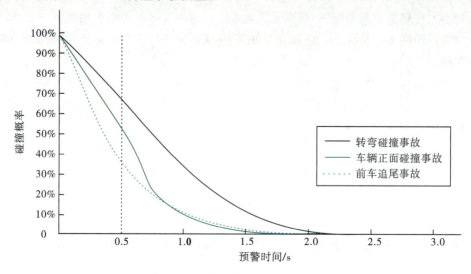

图 4-20　预警时间与碰撞概率的关系

4.2.3.3　防碰撞预警系统与驾驶技术

防碰撞预警系统其实也有助于提升驾驶技术。在刚安装防碰撞预警系统时，报警声经常响个不停，而几周之后，报警次数便会骤降到一半以下（图 4-21）。这是因为一旦驾驶出现差错，系统马上就会通过声音和显示通知驾驶员，使其自然而然地掌握正确的驾驶方式。这不仅有助于提高驾驶水平，对于提升燃油效率也贡献颇大。

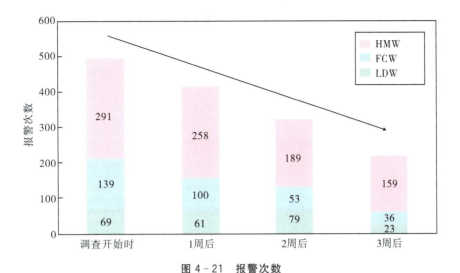

图 4－21 报警次数

4.2.4 防碰撞预警系统常见故障及检修案例

4.2.4.1 防碰撞预警系统常见故障

防碰撞预警系统的常见故障有系统不工作、不能正确提示障碍物距离，其故障原因及检修方法见表 4－1。

表 4－1 防碰撞预警系统常见故障原因及检修方法

故障现象	故障原因	检修方法
系统不工作	电源未接通或电源电压不够	检查蓄电池电压；检查控制器供电电压
	系统线束插接件接触不良	检查各连接线是否插接到位
	倒车灯开关损坏	检查倒车灯开关
不能正确提示障碍物距离	蓄电池电压异常	检查蓄电池电压
	插座位置不正确	关掉系统，重新连接各插接器
	传感器连接线被破坏	检查传感器是否接触到车身部件
	传感器损坏	检查传感器是否损坏

在汽车进入倒车工作状态时，用耳朵贴近传感器表面，仔细听是否有轻微的"嘀嗒"声（可与正常的声音进行比较），若响声正常，说明传感器的电源正常，则应检查传感器和控制器之间的信号连接是否正常。一般情况下，若仪表内出现绿色指示灯乱跳现象，则主要是某一传感器失灵所致，更换失灵的传感器，故障即可排除。

4.2.4.2 防碰撞预警系统检修实例

很多奔驰车型上都装有驻车防撞系统，其作用是减少车辆在驻车、倒车、低速行驶时出现撞车的概率。其通过仪表板上的指示灯指示车辆与障碍物的距离，在车辆与障碍物太接近时，会有指示灯和声音报警。

1. 系统的工作过程

在系统正常的情况下，转向盘两侧的危险距离警告灯会同时亮起，里面的所有指示灯都会亮起。大约 2 s 后，若前方 10 m 内无障碍物，则灯框里的所有指示灯就会熄灭，只亮起周围的边框灯。

系统不正常，在点火开关打开的 0.5 s 内指示灯没有接收到电脑传递的信号，两个红灯就点亮，同时有 3 s 的警报声，再经过 5~10 s 所有的指示灯都会熄灭，表明该系统有故障，需要修理。

当系统正常且处于准备状态时，指示灯的外框会点亮；当汽车接近障碍物时，指示灯会根据与障碍物的距离长短而相应点亮。

该系统主要通过超声波传感器侦测前方、后方及侧面障碍物距离车头的远近。该传感器发出并接收超声波信号，障碍物离车辆远时，超声波信号很长时间才能返回；障碍物离车辆近时，超声波信号很快就能返回。当发现障碍物已达到可测范围（距离）时，危险距离警告灯会依障碍物距车头的实际距离亮起不同数量的指示灯；当所有指示灯全部亮起时，警告喇叭会"嘀嘀"响起，以警告驾驶员注意障碍物已经快挨到车体。

当将控制开关置于 OFF 时，该系统停止工作。

2. 故障检测

某奔驰车型的防碰撞预警系统出现故障需要进行修理，首先对其超声波传感器进行检测，结合仪器调取故障码，如果有该传感器的故障码，则可以通过测量检测其电源电压和搭铁是否正常。其电源电压，一般是 20 V 左右，是经过其控制器放大产生的。如果有故障码并且电源电压和搭铁正常，那么是传感器损坏；如果没有正常的电源电压，那么可能是控制器损坏，因为传感器电源电压由该控制器提供，更换控制器可解决该故障。

任务实施

1. 作业说明

某奔驰车型的防碰撞预警系统出现故障无法使用需要进行修理，经省级技能大师刘师傅综合诊断后，将问题锁定在系统电源上，需对车辆防碰撞预警系统进行检修。

2. 设备器材

(1)设备与零件总成。

_____

_____

(2)常用工具。

_____

_____

(3)耗材及其他。

_____

_____

注：请学员根据场地实际设备器材填写。

3. 作业流程

(1)做好安全防护，清洁总成及工具。

(2)使用诊断仪读取故障码。

(3)检查防碰撞预警系统电源及零部件测量。

(4)按要求填写工单。

4. 填写考核工单

一、查询并记录车辆信息				
车辆型号			生产日期	
发动机型号			行驶里程	
检查项目		具体内容		
前期准备	工具	设备		配件
安全检查	故障诊断现象描述 部件检测 分析原因			
故障排除	步骤	检修项目	操作要领	操作要求及标准

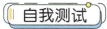

(1)简述防碰撞预警系统的五种警示功能。

(2)简述防碰撞预警系统常见故障的原因及检修方法。

汽车转向悬架制动安全系统技术

拓展学习

驾驶员疲劳预警系统(DFM)

驾驶员疲劳预警系统(driver fatigue monitor system，DFM)主要是通过摄像头获取图像的，并通过视觉跟踪、目标检测、动作识别等技术对驾驶员的驾驶行为及生理状态进行检测，当驾驶员发生疲劳、分心、打电话、抽烟等危险情况时，在系统设定时间内报警以避免事故发生。DFM系统能有效规范驾驶员的驾驶行为，大大降低交通事故发生的概率。

通过分析驾驶员的疲劳特征(如打哈欠、闭眼等)，对疲劳行为及时发出疲劳驾驶预警。高精准度的算法甚至能做到不受时间段、光照情况、是否戴墨镜等外界条件影响，始终对驾驶员的疲劳状态进行有效管理。当驾驶人员产生生理疲劳状态时，立即发出预警警告，及时唤醒驾驶员，避免严重事故发生。

任务 4.3

车道保持辅助系统检测维修

任务引入

某顾客的上汽大众轿车车道保持辅助系统失效，经省级技能大师李师傅综合诊断后，将问题锁定在系统电源上，需对车辆车道保持系统进行检修。

学习目标

(1) 掌握车道保持辅助系统的功用。
(2) 掌握车道保持辅助系统的工作原理。
(3) 掌握车道保持辅助系统的结构。
(4) 掌握车道保持辅助系统的操作方法。
(5) 掌握车道保持辅助系统的检修除方法。
(6) 能够检修车道保持辅助系统。
(7) 培养良好的职业信念及职业精神，力争在车道保持辅助技术上取得新突破，为将我国建成汽车强国增砖添瓦。
(8) 培养务实肯干、坚持不懈、精雕细琢的工匠精神，争做能工巧匠、大国工匠。

知识准备

车道保持辅助系统(LKS)属于智能驾驶辅助系统中的一种，它可以在车道偏离预警系统(LDWS)的基础上对转向系统进行控制，辅助车辆保持在本车道内行驶。车辆行驶时借助一个摄像头识别行驶车道的标识线，这为将车辆保持在本车道上行驶提供支持。

如果车辆接近识别到的标记线并可能脱离行驶车道，那么会通过转向盘的振动，或者是声音来提醒驾驶员注意，并轻微转动转向盘修正行驶方向，使车辆处于正确的车道上，若转向盘长时间检测到无人主动干预，则发出报警，用来提醒驾驶人员。

4.3.1 车道保持辅助系统的功用与组成

1. 车道保持辅助系统的功用

(1)在驾驶员注意力不集中或疲劳驾驶出现车辆偏转时，系统进行主动修正、转向干预。

(2)当驾驶员操作转向信号灯时，系统进入被动模式(待机状态)。

车道保持辅助系统可以帮助驾驶员将车辆保持在原车道上行驶，车辆行驶时，如果车道保持辅助系统识别出了车道两侧的边界线，那么该系统就处于"时刻准备工作"的状态。

如果车辆行驶中靠近了识别出的某条车道边界线(车辆可能要就要驶离车道了)，那么转向盘就会发生振动，从而对驾驶员进行提醒。如果在车辆横过车道边界线之前拨动了转向灯，那么就不发出这种振动提醒了，系统认为这是驾驶员要进行变道。在接近或者横过识别出的车道边界线时，只有在第一次振动提醒发生后，车辆已经行驶远离这条车道边界线足够远且又接近另一条条边界线时，才会第二次进行振动提醒。这样就可避免在车辆与某条车道边界线平行行驶时一直出现这种振动提醒的情况，车道保持辅助系统在车速高于 65 km/h 时才会工作。

2. 车道保持辅助系统的组成

车道保持辅助系统主要由控制器、多功能摄像头(MFK)、多功能转向盘(MFL)、转向灯及驾驶辅助开关(FAS)、组合仪表(Kombi)、信息娱乐系统(MIB)及电动助力转向系统(EPS)等组成，如图 4-22 所示。

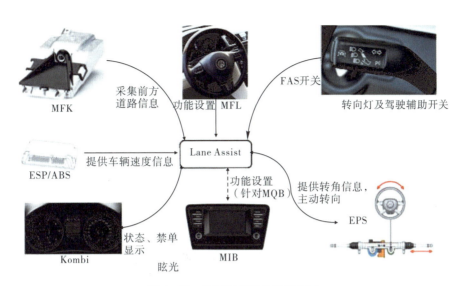

图 4-22 车道保持辅助系统组成

多功能摄像头由控制单元、遮光板、视窗加热器、雨量和光照传感器及盖板组成，如图 4-23 所示。

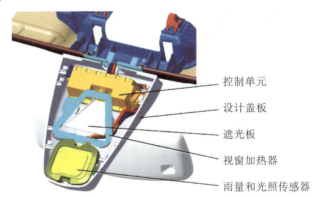

图 4-23 多功能摄像头的构成

摄像头的技术参数如下所示。

制造商：Bosch；

分辨率：1024×512 像素；

视距：250~300 m；

水平视角：±20.5°；

垂直视角：±9.5°。

4.3.2 车道保持辅助系统激活条件

(1)最低速度：65 km/h。
(2)车道宽度：2.45～4.60 m。
(3)摄像头必须视线畅通。
(4)摄像头必须能够识别车道边界线。
(5)标识线间距：最多两倍于标识线本身长度。

4.3.3 车道保持辅助系统操作方法

驾驶员辅助系统按钮或 MIB 设置，如图 4-24 所示。

图 4-24 车道保持辅助系统操作方法

4.3.4 车道保持辅助系统状态显示

组合仪表上的指示灯呈绿色亮起，表示该系统已经接通且处于主动模式可随时工作；组合仪表上的指示灯呈黄色亮起，表示该系统已经接通，处于被动模式，在这种状态时，该系统不会提醒驾驶员；如果组合仪表上的指示灯不亮，表示该系统处于关闭状态，如图 4-25 所示。

关闭　　　　　已接通并处于主动模式　　已接通但处于被动模式

图 4-25　车道保持辅助系统状态显示

4.3.5　车道保持辅助系统工作原理

4.3.5.1　车道识别系统

在前车窗内侧的上方，安装一个摄像头，摄像头能看清车道线，形成清晰的图像。在计算机的帮助下，通过一定的算法，判断出车辆是否在规定车道内，如果偏离车道（左右偏离），计算机会给出报警信号和纠偏指令。摄像头成像是基本要求，对图像扫描后，形成数字信号，这是比较关键的技术，计算机芯片（处理器）的计算速度和存储器容量的大小也很关键，如图 4-26 所示。

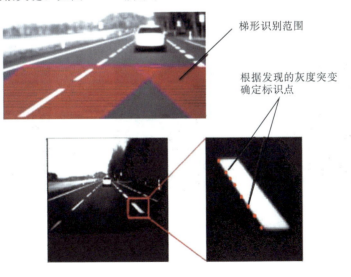

图 4-26　车道识别系统

4.3.5.2 车道计算

通过摄像头的画面的处理,得出当前车辆相对车道线的位置、偏离的方向和速度,当车辆靠近识别出的边界线且要驶离该车道时,系统会通过声音和图像对司机进行提醒。

4.3.5.3 车道情况

接到系统的辅助控制命令时,ESP系统或电动机输出转向助力,使车辆保持在道路内行驶。

4.3.6 系统限制

当环境条件恶劣时,比如车道脏污或者被覆盖、车道过窄、车道边界线不清晰(如高速公路施工、眩光、车道有覆雪),那么该系统暂时会不工作(图4-27),系统当前的状态会显示在组合仪表上(所有信息文本显示时都会响起报警蜂鸣信号,如图4-28所示)。

标识线会因阳光照射而异常耀眼,从而导致对比度不足,难以识别车道标识线。

车道标识线被雪覆盖,摄像头不能区分覆雪和车道标识线。

图4-27 车道识别系统不工作

图4-28 车道识别系统状态显示

4.3.7 其他功能

4.3.7.1 自适应车道引导功能

(1)在带有两条标线的道路(左侧和右侧)上,可以实现持续的车道引导。

(2)车辆在车道内的引导位置,将与驾驶员的意愿相适应。

4.3.7.2 驾驶员转向盘脱手警告功能

(1)脱手 10 s 后提醒。

(2)通过仪表中央显示屏的文字和蜂鸣器声音提醒。

> **任务实施**

1. 作业说明

某顾客的上汽大众轿车车道保持辅助系统失效,经省级技能大师李师傅综合诊断后,将问题锁定在该系统的电源上,需对车辆车道保持系统进行检修。

2. 设备器材

(1)设备与零件总成。

_____

_____

(2)常用工具。

_____

_____

(3)耗材及其他。

_____

_____

注:请学员根据场地实际设备器材填写。

3. 维修提示

R242 及其控制单元更换后:

(1)检查编码是否正确。

(2)校准摄像头。

备注:前部摄像头的校准方法同 Tiguan FL,请参阅维修手册!

4. 作业流程

(1)做好安全防护,清洁总成及工具。

(2)检查系统工作状态及使用诊断仪读取故障码。

(3)进行系统检修。

(4)按要求填写工单。

5. 填写考核工单

一、查询并记录车辆信息				
车辆型号			生产日期	
发动机型号			行驶里程	
检查项目		具体内容		
前期准备	工具	设备		配件
安全检查	故障诊断现象描述 部件检测 分析原因			
故障排除	步骤	检修项目	操作要领	操作要求及标准

自我测试

(1) 简述车道保持辅助系统的功能与组成。

(2) 简述车道保持辅助系统的工作原理。

(3) 简述车道保持辅助系统的操作方法。

汽车转向悬架制动安全系统技术

拓展学习

车道偏离预警系统(LDWS)

车道偏离预警系统(LDWS)是指车辆在高速行驶的状态下,如果遇到驾驶员无意识发生车道偏离的情况,该系统就会通过声音、屏幕提示图标及振动等方式发出警报,从而提醒驾驶员注意保持在原车道安全行驶。车道偏离预警系统特别适合长时间单调驾驶的人员,防止驾驶员因过度疲劳出现注意力不集中的情况,减少事故的发生。

车道偏离预警系统通过汽车上的摄像头及视觉图像分析传感器,对驾驶环境、车道线及车速、车向等数据信息进行识别和分析处理,之后得出结论,随后通过控制系统来实现车道保持辅助的功能。

另外,当车辆开启车道偏离预警系统模式后,在驾驶员主动进行打转向盘、开启转向灯等操作时,系统就会自动进入待机模式,不会进行其他干预,比较适合车辆在高速公路上行驶时使用。

防盗系统检测维修

任务引入

某顾客的迈腾 B7 轿车无法正常启动,每次启动 2 秒后熄火,仪表板防盗指示灯不断闪烁,经省级技能大师刘师傅综合诊断后,将问题锁定在防盗系统上,需对车辆防盗系统进行检修。

学习目标

(1)掌握防盗系统的组成及工作原理。

(2)掌握防盗系统的拆装方法。

(3)能够使用相关仪器对防盗系统进行检测并读出正确的数据。

(4)能够根据检测数据结合故障现象判断故障原因。

(5)能够对防盗系统的组成部件进行拆装。

(6)能够使用检测仪对防盗系统进行各种匹配、编程。

(7)能够按照维修手册更换发动机控制单元。

(8)能够使用检测仪进行更换发动机和仪表板后的匹配。

(9)培养自身的职业意识、沟通能力及合作精神,能够更好地适应汽车检修工作岗位的需要。

(10)培养吃苦耐劳、踏实肯干的精神,做新时代中国特色社会主义事业的合格接班人。

> 知识准备

4.4.1 汽车防盗系统概述

汽车防盗系统是指防止汽车本身或车上的物品被盗所设的系统,它由电子控制的遥控器或钥匙、电子控制电路、报警装置和执行机构等组成。最早的汽车门锁是机械式门锁,只是用于在汽车行驶时防止车门自动打开而发生意外,只起行车安全作用,不起防盗作用。随着科学技术的发展,后来制造的轿车、货车车门都安装了带钥匙的门锁,这种门锁只控制一个车门,其他车门是靠车内门上的门锁按钮进行开启或锁止的。

为了更好地发挥防盗作用,有的车上还装有一个转向锁,它是用来锁止汽车转向轴的。转向锁与点火锁设在一起,安装在转向盘下,用钥匙来控制。点火锁切断点火电路使发动机熄火后,将点火钥匙再左旋至极限位置的挡位,锁舌就会伸出嵌入转向轴槽内,将汽车转向轴机械性地锁止。即使有人将车门非法打开并起动发动机,由于转向盘被锁止,汽车不能实现转向,故不能将汽车开走,于是起到了汽车的防盗作用。有的汽车设计和制造时没有转向锁,而是用另外一个所谓的拐杖锁锁止转向盘,使转向盘不能转动,也可起到防盗作用。有的汽车在变速箱上设有机械锁,将变速箱操纵杆锁止,盗窃者不能挂挡而使汽车不能移动。点火开关是用来接通或断开发动机点火系的电路,根据一把钥匙开一把锁的道理,也起到了一定的防盗作用。由于汽车技术不断发展,多数轿车上都安装了中央门锁,即汽车上的车门锁和行李箱锁实现了集中控制。

目前,大众/奥迪公司的车型选用的防盗止动器都是由西门子公司开发的。

第一代防盗止动器:93年(固定码)。

第二代防盗止动器:97年(固定码+可变码)。

第三代防盗止动器:98年(固定码+可变码),发动机控制单元参与防盗码的计算。

第四代防盗止动器:在线进行匹配。

第五代防盗止动器:在售后服务方面与第四代无明显区别,使用诊断仪进行防盗止动器系统方面的工作得到了极大的简化,许多操作步骤已更倾向于自动化。

为了防止车辆被盗,许多汽车公司开始将汽车防盗装置作为汽车的标准配置来提高汽车的市场竞争力。大众汽车的防盗装置主要有三种:防盗止动器、防盗警报装置、元件保护(用于奥迪A4、A6和A8)。

将防盗器与汽车电路配接在一起,从而达到防止车辆被盗、被侵犯,保护汽车并实现防盗器各种功能的目的。随着科学技术的进步,为对付不断升级的盗车手段,人们研制出不同方式、不同结构的防盗器,防盗器按其结构可分四大类:机械式、芯片式、电子式和网络式。

大众防盗系统按组成结构分为两种,一种为防盗 ECU 独立式,另一种为防盗 ECU 集成在仪表板内。具体都是由防盗指示灯、仪表板(防盗 ECU)、集成在点火开关内的识读线圈、带有感应芯片的钥匙和发动机控制单元组成的,如图 4-29 所示。

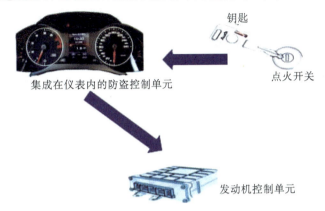

图 4-29 大众防盗系统

4.4.1.1 防盗器类型及工作原理

1. 机械式

机械式防盗装置是市面上最简单最廉价的一种防盗器形式,其原理也很简单,只是将转向盘和控制踏板或挡柄锁住。其优点是价格便宜,安装简便;缺点是防盗不彻底,每次拆装麻烦,不用时还要找地方放置。

1) 转向盘锁

转向盘锁就是大家熟悉的拐杖锁,它靠坚固的金属结构锁住汽车的操纵部分,使汽车无法开动。转向盘锁将转向盘与制动踏板连接在一块,或者直接在转向盘上加上限位铁棒使转向盘无法转动。

2) 可拆卸式转向盘

该种防盗器材在市场上较为少见,其整套配备包括底座、可拆式转向盘、专利锁帽盖。操作程序:先将转向盘取下,将利锁帽盖套在转向轴上。即使小偷随便拿一个转向盘也无法安装在转向轴上。该类防盗锁的优点是不会破坏原车结构,故障率低,操作容易;缺点是车主必须找一个空间隐藏拆下的转向盘。

3) 离合刹车锁防盗(可锁刹车或者油门)

离合刹车锁将汽车制动踏板或离合器踏板锁住并支撑稳,使其无法操控而防止车辆被盗。其特点是结构简单不影响汽车的内饰和美观,但是夜间照明不良时,上锁就很困难。

4）车轮锁防盗

车轮锁是车体外用锁，锁在车轮上可以牢固地锁住汽车的轮胎，使车轮无法转动，来防止汽车被盗。车轮锁一般锁在驾驶座一侧的前轮上，比车内锁具有更明显的震慑力，但是车轮锁笨重、体积大，携带不方便。

5）防盗磁片

防盗磁片是用物理方法堵住汽车钥匙孔，依靠防盗磁片的强磁力吸到汽车车锁锁眼中，盖住锁芯以达到防撬盗目的的汽车防撬盗保护装置。装置应用在汽车锁孔锁芯的防暴力撬盗上，该装置对使用暴力撬盗汽车车锁具有非常好的防止效果。

6）排挡锁

目前排挡锁成为多数车主的最爱，因为该防盗系统简便又坚固，采用特殊高硬度合金钢制造，防撬、防钻、防锯，且采用同材质镍银合金锁芯和钥匙，没有原厂配备的钥匙，绝无法打开，钥匙丢失后，可使用原厂电脑卡复制钥匙。

上述机械式防盗装置结构比较简单，占用空间，不隐蔽，每次使用都要用钥匙开锁，比较麻烦，而且不太安全。因此，随着电子技术在汽车上的应用，电子式防盗装置应运而生。

2. 芯片式

芯片式数码防盗器是汽车防盗器发展的重点，大多数轿车均采用这种防盗方式作为原配防盗器。

芯片式防盗的基本原理是锁住汽车的发动机、电路和油路，在没有芯片钥匙的情况下无法启动车辆。数字化的密码重码率极低，而且要用密码钥匙接触车上的密码锁才能开锁，杜绝了被扫描的可能。

芯片式防盗已经发展到第四代，最新面世的第四代电子防盗芯片具有特殊的诊断功能，已获授权者在读取钥匙保密信息时，能够得到该防盗系统的历史信息，系统中经授权的备用钥匙数目、时间印记及其他背景信息，成为收发器安全性的组成部分。第四代电子防盗系统除了有比以往的电子防盗系统更有效的防盗效果外，还具有其他先进之处，独特的射频识别技术可以保证系统在任何情况下都能正确地识别驾驶者，在驾驶者接近或远离车辆时可以自动识别其身份，自动打开或关闭车锁。

3. 电子式

电子防盗，简而言之就是给车锁加上电子识别，开锁配钥匙都需要输入十几位密码，它一般具有遥控技术，是随着电子技术的发展而迅速发展起来的一种防盗方式。

电子式防盗器有四大功能：

（1）防盗报警功能。在车主遥控锁门后，报警器进入警戒状态，此时如有人撬门或用钥匙开门，会立即引发防盗器鸣叫报警，吓阻窃贼行窃，这也是电子防盗器最大的优点和争议之处，因为它发出的"哇哇"声在震慑盗贼的同时，也存在着扰民的弊端。

(2)车门未关安全提示功能。行车前车门未关妥,警示灯会连续闪烁数秒。汽车熄火遥控锁门后,若车门未关妥,车灯会不停闪烁,喇叭鸣叫,直至车门关好为止。

(3)寻车功能。车主用遥控器寻车时,喇叭断续鸣叫,同时伴有车灯闪烁提示。

(4)遥控中央门锁。当遥控器发射正确信号时,中央门锁自动开启或关闭。电子遥控防盗装置的遥控器、电子钥匙都有相对应的密码。遥控器发射部分采用微波/红外线系统。利用手持遥控器将密码信号发向停车位置,门锁系统接收开启,驾车者进车后再将电子钥匙放入点火锁内,电子钥匙将内置密码发至控制电路中的接收线圈,产生电感耦合令电路和油路启动,使汽车得以运行。电子防盗装置的两个最大的优点为它的密码解锁和报警声,其中密码解锁根据密码的发射方式的不同分为定码式和跳码式两种。定码式防盗器的特点是密码量少,工作原理主要是通过密码扫描器或截码器接收到的空间无线电信号截取主机密码,从而解除防盗系统。

4.4.1.2 第二、三代防盗系统

第二、三代防盗系统主要由以下部件组成,如图4-30所示。

(1)点火钥匙(送码器),用户得到的所有钥匙。

(2)点火开关上的读写线圈(天线)。

(3)仪表内的防盗止动器控制单元。

(4)发动机控制单元(只有在第三代系统上才参与防盗码的计算)。

(5)仪表板上的故障警报灯。

图4-30 第二、三代防盗系统

4.4.1.3 第四代防盗系统

第四代防盗器最重要的组成部分是位于狼堡总部的中央数据库FAZIT。

FAZIT是Fahrzeugauskunft and zentrales Identifikations Tool(汽车信息查询和中央识别工具)的缩写,在这个数据库内存有控制单元所有与防盗有关的数据,如果不是处于在线联网状态,那么相关的控制单元就无法与中央数据库FAZIT进行自适应。

1. 组成(如图4-31所示)

(1)点火钥匙(送码器)。进入和起动授权开关E415,E415中集成了钥匙读写线圈,该件更换后无须调整匹配。

(2)舒适系统中央控制单元 J393。防盗止动器控制单元 J362 集成在舒适系统控制单元中,更换后需要在线匹配调整,根据汽车的配置在车辆中有以下作用:

①中控锁控制;

②后车门控制单元控制;

④后行李箱盖开锁控制;

⑤油箱盖开锁控制;

⑥防盗报警装置(DWA)控制;

⑦防盗锁止系统控制;

⑧进入及起动许可控制;

⑨轮胎压力监控控制。

(3)转向柱锁止控制单元 J764(ELV 控制单元)。转向柱锁止或是解锁必须得到位于舒适系统控制单元的防盗器的认可,J764 必须和舒适系统控制单元 J393 同时更换和在线匹配调整。

(4)发动机控制单元 J623。发动机控制单元是防盗器的一部分,更换后需要在线匹配调整。

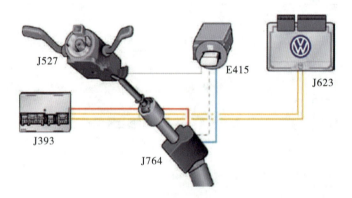

图 4-31 第四代防盗系统

2. 特点

(1)功能形式与第三代防盗器一致,只是所有与防盗器有关的元件均需在线进行匹配。

(2)只能通过诊断仪"在线查询",确保安全、快速并可靠地将数据传送至车辆。

(3)所有车钥匙(包括补订的)在出厂前均已针对某一辆车编制了代码,因此这些钥匙只能与该车进行适配。

4.4.2 迈腾 B7 轿车电子点火锁拆装

1. 拆卸

(1)关闭点火开关和所有用电器,取出点火钥匙或者松开位于位置 0(前向锁定)的起动按钮。

(2)拆卸转向盘。

(3)拆卸驾驶员侧的挡板。

(4)压下挡板的盖子,以便可以操作挡板的卡子。

(5)通过两边的空隙,用钳子 V.A.S 6339 将挡板的卡子向外按压,如图 4-32 所示。

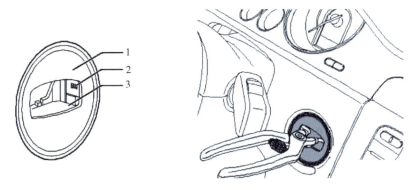

1—挡板;2—空隙;3—盖子。

图 4-32 拆卸挡板

(6)拆下挡板。

(7)旋出螺栓。

(8)松开两边的卡子(图 4-33 中箭头所指),将电子点火锁按箭头方向从驾驶员侧的挡板中取出。

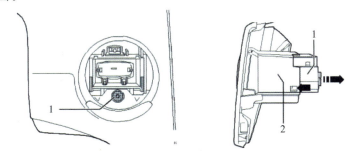

1—螺栓;2—电子点火锁。

图 4-33 拆卸电子点火锁

2. 安装

安装大体按照拆卸的倒序进行,在安装时注意,电子点火锁必须牢固地卡入驾驶员侧的挡板。

4.4.3 迈腾 B7 轿车转向柱及转向柱锁止单元拆装

1. 拆卸

(1)使车轮处于向前打直位置。
(2)向下拉转向柱下的拨杆。
(3)将转向柱尽可能向下转动并拉出。
(4)将转向柱下面的拨杆重新向上推。
(5)拆出转向盘中的安全气囊。
(6)拆下转向盘。
(7)拆卸转向柱上的开关饰板。
(8)拆卸驾驶员侧的左隔板。
(9)拆卸转向柱上的开关。
(10)拆下转向柱下的脚部通风装置。
(11)脱开转向柱上所有的插头连接和接地电缆。
(12)将固定螺母(图 4-34 中箭头所指)拧下并拆下脚部空间饰板。

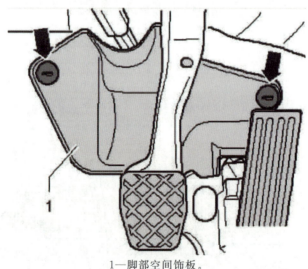

1—脚部空间饰板。

图 4-34 拆卸脚部空间饰板

(13)拧出螺栓,并将万向节从转向机构上拆下(图 4-35)。

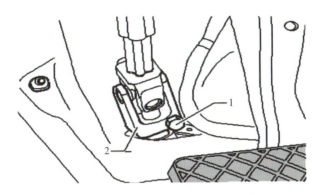

1—螺栓；2—万向节。

图4-35　拆卸万向节

（14）拆下转向柱下的电缆管道。同时将两侧上的凸耳沿图4-36中的箭头方向轻轻抬起，将电缆管道从转向柱导向件中拉出并完成控制单元的拆卸。

（15）拧出螺栓。

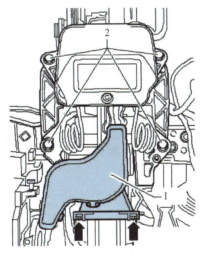

1—电缆管道；2—螺栓。

图4-36　拆卸控制单元

（16）将转向柱放低些，然后小心地向上拉出。

2. 安装

（1）将转向柱挂在支座上的装配辅助工具里。

（2）把转向柱对准支座并装上，如图4-37所示，同时支座销（箭头A所指）和转向柱的孔（箭头B所指）彼此定位并交错地放在一起，只有这样才能保证转向柱对于支座的正确安装位置。

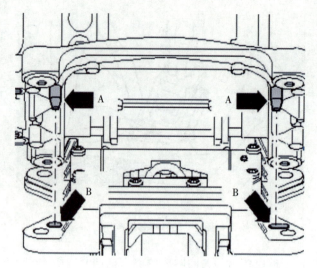

图 4-37 安装转向柱

(3)拧紧转向柱的螺栓。

(4)在转向柱下面安装电缆管道,凸耳必须卡在两侧的导向件里并完成控制单元的安装。

(5)将十字万向节安装在转向机构的小齿轮上并拧紧螺栓。

(6)安装脚部空间饰板并用螺母固定。

(7)将所有的插头连接和接地电缆连接到转向柱上。

(8)安装转向柱下的脚部通风装置。

(9)安装转向柱上的开关。

(10)安装转向柱上的开关饰板。

(11)安装驾驶员侧的左隔板。

(12)安装转向盘。

(13)将安全气囊安装在转向盘中。

(14)使用车辆诊断、测量和信息系统 V.A.S 5051 对转向角传感器 G85 进行基本设置。

3. ELV 控制单元匹配

(1)连接车辆诊断、测量和信息系统 V.A.S 5051 A。

(2)在车辆诊断、测量和信息系统 V.A.S 5051 A 中选择运行模式"引导型故障查询"。

(3)通过"跳转"按钮选择"功能/部件选择",并依次选择以下菜单项:

①车身;

②电气设备;

③01 具有自诊断功能的系统；

④防盗锁止系统；

⑤防盗锁止系统的功能；

⑥ELV 和 WFS 的匹配。

4.4.4　迈腾 B7 轿车舒适系统中央控制单元拆装

1. 拆卸

(1)关闭点火开关和所有用电器，取出点火钥匙或者松开位于位置 0(前向锁定)的起动按钮。

(2)拆下手套箱。

(3)沿图 4-38 中的箭头方向拉动舒适系统中央控制单元 J393 支架的锁止凸耳，并推动舒适系统中央控制单元 J393，直到卡子 1 处于卡子 3 上。

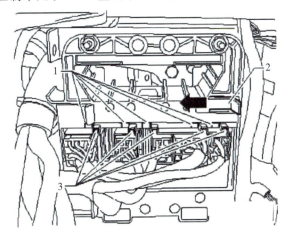

1—卡子；2—支架的锁止凸耳；3—卡子。

图 4-38　拆卸舒适系统中央控制单元

(4)松开连接插头，并将其从舒适系统中央控制单元 J393 上拔下。

(5)拧出固定螺母。

(6)沿图 4-39 中箭头 B 的方向拉动锁止凸耳，并从支架中以箭头 A 的方向移出舒适系统中央控制单元 J393。

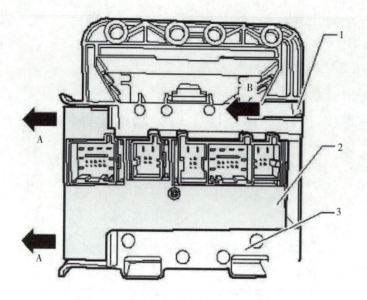

1—锁止凸耳；2—舒适系统中央控制单元；3—支架。

图 4-39 拆卸舒适系统中央控制单元

2. 安装

安装以倒序进行，安装过程中要注意以下几点：

(1)以规定的拧紧力矩拧上所有固定螺母连接。

(2)只有当支架和连接插头的卡子精确地重叠时，方可插入并锁紧连接插头。

3. 更换或编码舒适系统中央控制单元

(1)连接车辆诊断、测量和信息系统 V.A.S 5051A。

①拉紧驻车制动器；

②在带自动变速箱的汽车中，将选挡杆置于位置"P"或"N"；

③对于带手动变速箱的车辆，将变速杆置于空挡；

④在关闭点火开关后，用诊断导线 V.A.S 5051/6A 将车辆诊断、测量和信息系统 V.A.S 5051A 与车辆的诊断接口相连。

(2)在车辆诊断、测量和信息系统 V.A.S 5051A 中选择运行模式"引导型故障查询"。

(3)通过"跳转"按钮选择"功能／部件选择"，并依次选择以下菜单项：

①车身；

②车身装配工作；

③01 具有自诊断功能的系统；

④舒适系统；

⑤舒适系统中央控制单元的功能；

⑥J393 舒适系统中央控制单元的更换/编码。

(4)更换舒适系统中央控制单元 J393 后，必须根据汽车配备，对舒适系统中央控制单元的其他功能，诸如"防盗锁止系统""防盗报警装置""进入及起动许可""监控系统"和中控锁的钥匙进行匹配。首先进行防盗锁止系统的匹配操作，接着按照任意顺序匹配汽车装备相关的舒适系统中央控制单元 J393 的其他功能。

(5)打开点火开关。

(6)关闭所有用电器。

提示：只能使用上面列举的诊断导线进行诊断，因为只有这些诊断导线装有 CAN 导线，并且允许诊断 CAN 或通信 CAN。

4. 识读线圈和感应芯片的维修及钥匙匹配

(1)点火钥匙(包括用户得到的所有钥匙)应答器。

应答器安装在点火钥匙中，无需电池，它是一个整合在钥匙中的接收器和发射器单元。当点火开关转动时，识读线圈中产生交变电磁场，通过交变电磁场向应答器中输送能量，应答器被启动并通过识读线圈向防盗电控单元回传固定码。固定码存储在应答器中，固定码是用来确认钥匙合法性的。

(2)点火开关上的识读线圈。

识读线圈环绕在机械点火锁的周围。它用于向应答器输送能量，并接受应答器回传的固定码，并把固定码传给防盗电控单元。

5. 发动机控制单元检测条件

(1)相关系统的供电及保险丝正常。

(2)检测仪已经连接好。

(3)点火开关已打开。

6. 发动机控制单元检测注意事项

(1)只有在关闭点火开关后才能连接和断开检测仪。

(2)在某些检测过程中，控制单元有可能识别并存储一个故障。因此，在检测及维修后，应查询并清除故障存储器。

(3)只有在关闭点火开关后，才可以连接和断开蓄电池接地，否则会损坏控制单元。

7. 更换发动机控制单元并进行匹配

1)拆卸发动机控制单元

(1)关闭点火开关并拔出点火钥匙。

(2)用一把螺丝刀撬出刮水器摆臂上的盖罩。

(3)将六角螺栓(图4-40中箭头所指)松开几圈。

(4)通过倾斜刮水器摆臂将其从刮水器轴上松下来。

(5)然后将六角螺母完全旋出并将刮水器摆臂从刮水器轴上拆下。

(6)拔下橡胶密封件与水箱盖板,如图4-41所示。

(7)打开夹子(图4-42中箭头所指)并将发动机控制单元J623取出。

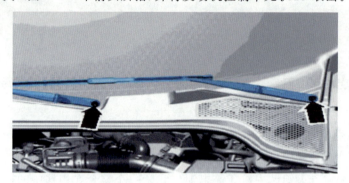

图4-40 拆卸发动机控制单元

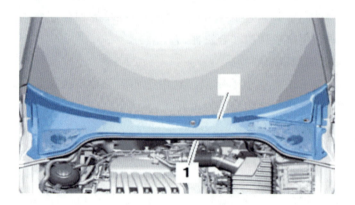

1—橡胶密封件;2—水箱盖板。

图4-41 橡胶密封件与水箱盖板

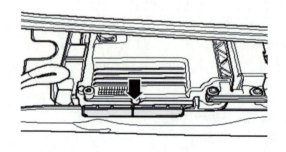

图4-42 拆卸发动机控制单元

2)安装发动机控制单元

(1)安装大体按照拆卸的倒序进行。

(2)发动机控制单元 J623 应务必重新装配金属板锁紧装置。

(3)清洁自攻螺栓螺纹钻孔内的防松剂残留物,清洁工作可以用一把丝锥进行。

(4)使用新的自攻螺栓。

(5)在安装了一个新的发动机控制单元之后,必须在"引导型故障查询"的"更换发动机控制单元"中的检验流程/功能中激活发动机控制单元。

8. 发动机控制单元匹配

更换发动机控制单元,或因防盗系统起作用而发动机不能起动(发动机运转 3 秒钟后熄火),防盗系统没有任何电路故障,必须使用解码器重新与防盗控制单元进行匹配后,才能起动发动机。其基本的操作步骤如下:

(1)必须使用一把合法钥匙。

(2)连接解码器,进入"防盗控制系统"。

(3)选择"匹配"功能。

(4)输入通道号"00"。

(5)仪器显示"是否清除已知数值",按确认键。

(6)仪器显示"已知数值已被清除"表示完成匹配程序,此时点火开关是打开的,发动机控制单元的随机代码被防盗器控制单元读入存储起来。

9. 更换防盗控制单元的匹配程序

(1)更换新的防盗控制单元。

(2)发动机控制单元的随机代码自动被防盗控制单元读入存储起来。

(3)重新做一次所有钥匙的匹配程序。

任务实施

1. 作业说明

某顾客的迈腾 B7 轿车出现无法启动、仪表防盗指示灯常亮或闪烁及其他故障指示灯常亮的情况,经检测是发动机控制单元损坏,需对控制单元进行检修和匹配。

2. 制订计划

序号	工具/设备	资料、信息化
1		
2		
3		
4		
5		

提示：请学员查阅维修资料后填写。

3. 任务实施

任务：进行发动机控制单元的匹配	
工作步骤及注意事项	使用工具/设备

提示：请学员根据场地实际设备器材填写。

任务：进行舒适系统中央控制单元的匹配	
工作步骤及注意事项	使用工具/设备

提示：请学员根据场地实际设备器材填写。

4. 作业流程

(1) 做好安全防护，清洁总成及工具。

(2) 按照维修手册进行控制单元的拆卸。

(3) 进行控制单元的匹配。

(4) 按要求填写工单。

5. 填写考核工单

一、查询并记录车辆及发动机系统信息				
车辆型号		生产日期		
发动机版本型号		行驶里程		
查询维修手册并记录				

二、拆装步骤（拆卸后需向考官报备）	步骤页数

自我测试

(1) 简述汽车发动机控制单元的拆卸步骤。

（2）试分析防盗系统的工作原理。

（3）简述发动机控制单元的匹配步骤。

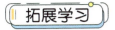

汽车无钥匙进入的基本原理

所谓的无钥匙进入,就是指汽车的钥匙具有遥感功能,拿着钥匙靠近车门,车辆自身就可以在一定的距离内感应到钥匙,从而自动解锁。它采用了世界最先进的RFID无线射频技术和最先进的车辆身份编码识别系统,率先应用小型化、小功率射频天线的开发方案,并成功融合了遥控系统和无钥匙系统,沿用了传统的整车电路保护,真正实现双重射频系统,双重防盗保护,为车主提供最大限度的便利和安全。无钥匙启动就是指上车后,钥匙也不用插入钥匙孔,车辆如果感应到钥匙就在车内,便可以踩住刹车,直接按下一键启动按钮即可打火着车。无钥匙启动系统是比无钥匙进入系统更高级的配置,凡装有该系统的就有无钥匙进入系统,但是有无钥匙进入系统的就不一定有无钥匙启动系统。它和传统的遥控钥匙的不同之处就在于传统的钥匙使用的是射频遥控系统,由钥匙给车辆发送信号;而无钥匙系统则反过来,钥匙成了一个身份识别器,由车辆来检测它进行识别,这就是所谓的射频识别技术(RFID)。因此,车主可以直接用手拉开车门,从而省去了传统的开锁动作。

任务 4.5

巡航控制系统检测维修

任务引入

某顾客的迈腾 B7 轿车，车主反映该车无法设定定速巡航，经省级技能大师刘师傅综合诊断后，确定该车辆巡航控制系统存在故障，需对车辆巡航控制系统进行检修。

学习目标

(1) 掌握巡航控制系统的功用与基本组成。
(2) 掌握巡航控制系统的工作原理。
(3) 掌握巡航控制系统的拆装方法。
(4) 掌握巡航控制系统的检查方法。
(5) 能够检查与维修巡航控制系统的常见故障。
(6) 培养团队意识和创新精神，能够更快地适应工作岗位，提高工作质量和效率。
(7) 培养爱岗敬业、吃苦耐劳的精神，积极在建设汽车强国的征程中贡献力量。

知识准备

4.5.1 汽车巡航控制系统概述

在自适应巡航系统出现之前，汽车上搭载的都是定速巡航系统（cruise control system，CCS）。普通的定速巡航对于现阶段汽车配置来说已经是常见的功能之一，大多数车辆均可加装。定速巡航有一个明显劣势，就是只能将车速保持在驾驶员预先设定的数值上，只能提供相对恒定的驾驶速度，而不能根据实际路况对车辆的行驶状态进行调节或者给予必要的预警提示，缺乏对环境的应变能力。当车辆在高速公路上行驶时还可以应用，但在实际的道路中路况都是千变万化的，会遇到种种意外让驾驶员不得不取消定速。例如，前面的车辆突然减速、行驶在车辆较多的城市、在地形相对复杂的道路上行驶，在这些时候，定速巡航几乎就失去了作用，导致实际利用率很低。虽然可以暂时缓解右脚因长时间控制加速踏板而产生的压力，但驾驶员仍然必须时刻集中注意力关注车辆的行驶状况，普通定速巡航会因为踩刹车而失去效果，恢复时则需重新设定，这样烦琐的操作在遭遇车辆较多的复杂路况时往往会使驾驶员手忙脚乱，其便利性也大打折扣。另外因为定速巡航系统容易使驾驶者在高速行驶中过度放松，从而出现精力分散或者疲劳的现象，一旦出现突发情况驾驶员很难做出快速反应，所以更加智能的自适应巡航控制系统（adaptive cruise control，ACC）便应运而生。

4.5.1.1 定速巡航系统的功用

汽车定速巡航控制系统（CCS），大众汽车用 GRA 表示，可使汽车在发动机的有利转速范围内工作，减轻驾驶员的驾驶操纵劳动强度，提高行驶舒适性，通常具有下列功用。

1. 车速设定功能

当车辆在高速公路上行驶时，如果路面质量好，没有人流、分道行车、无逆向行车，适宜以较长时间稳定运行时，驾驶员可通过巡航系统设定一个稳定行驶的车速，使其不用控制节气门和换挡，汽车就能一直以这一车速稳定行驶。

2. 恢复功能

驾驶员处理好突发情况后，根据路面车流情况判断出又可稳定运行后，可使汽车自动按照上一次设定的车速恒速行驶，也可重新设定巡航车速。

3. 取消功能

当踩下制动踏板或者按下"取消"键时，汽车立即退出巡航状态。但是，如果其行驶速度大于最小设定车速，则退出之前设置的速度继续保存，供巡航控制系统随时调用。

4. 加速、减速功能

车辆处于巡航行驶状态时，可对设定的车速进行加速和减速的操作，从而改变其巡航车速，如图 4-43 所示。

图 4-43 定速巡航控制系统控制开关

5. 低速自动取消功能

当车速低于低速极限（一般为 40 km/h）时，巡航控制不起作用，存储的车速消失，并不能再恢复此速度。

6. 开关取消功能

除了踩制动踏板有取消功能外，当按住驻车制动开关、离合器控制开关或者变速箱挡位开关时，巡航车辆都将自动取消巡航控制功能。

4.5.1.2 定速巡航系统的结构与工作原理

定速巡航控制系统主要由巡航控制开关、车速传感器、执行器和电子控制器（ECU）四部分组成。

定速巡航控制系统 ECU 有两个重要信号：一是驾驶员根据行驶条件，通过巡航开关设定的巡航车速信号；二是车速传感器输入的实际车速反馈信号。当巡航设定车速信号和实际车速反馈信号输入控制器后，ECU 经过比较运算可得到速度偏差变化和偏差变化率，经过处理后，再结合当前节气门的开度信号，得到控制节气门开度大小的控制信号，ECU 将控制指令发送给执行机构，执行机构就可驱动节气门体调节发动机节气门开度的大小，将实际车速迅速调节到驾驶员设定的车速值，从而实现恒速行驶控制，如图 4-44 所示。

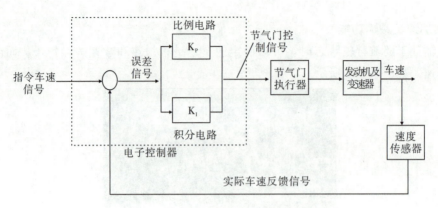

图 4-44 定速巡航系统工作原理

4.5.1.3 自适应巡航控制系统概述

自适应巡航控制系统（ACC）是一种智能化的自动控制系统，除了可依照驾驶者所设定速度行驶外，还可以实现保持预设跟车距离及随着车距变化自动加速与减速的功能。

ACC采用了距离传感器来测量前进车速，距离传感器是一个雷达传感器，多个雷达传感器组成一个空间传感器。前方没有车辆时，ACC系统和定速巡航控制系统的工作情况一样，但当感应到前方有较低车速车辆时，ACC系统可自动控制巡航车速，使车辆与前方车辆保持安全距离，当前方道路没车时，ACC系统马上又将车速加速恢复到驾驶员设定的车速，系统会自动监测下一个目标，这样就完成了智能巡航的功能，使汽车真正做到安全舒适、操作简便，如图4-45所示。ACC系统作为原车身电脑的一个部件，在原ECU上再增加一个ECU，该ECU包括ACC的传感器及控制器，也可称作SCU。SCU装在汽车前部，由雷达传感器组成的空间传感器检测周围物体的行驶状态，然后将数据通过数据总线再传到ECU。车内人机对话界面包括操作开关、信息显示、制动踏板及加速踏板。

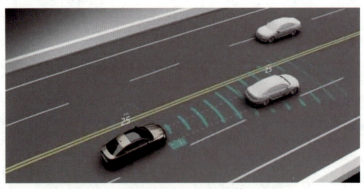

图 4-45 自适应巡航控制系统工作过程

自适应巡航控制系统传感器常见的安装位置有车标后、保险杠两侧、下方及车内后视镜背后。一般自适应巡航需要车辆达到一定速度之后才可以启动，速度过低会自动解除。

4.5.1.4　自适应巡航控制系统的基本组成

自适应巡航控制系统主要由雷达传感器、控制模块、发动机管理控制器、电子节气门执行器、制动执行器(例如 ABS/ESP 等)组成，如图 4-46 所示。在自适应巡航控制系统中，系统利用低功率雷达或红外线光束得到前车的确切位置，如果发现前车减速或监测到新目标，系统就会发送执行信号给发动机或制动系统来降低车速，从而使车辆和前车保持一个安全的行驶距离。

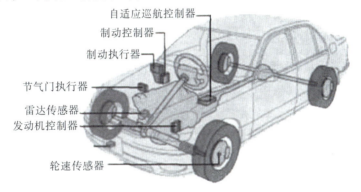

图 4-46　自适应巡航控制系统基本构成

1. 巡航控制开关

巡航控制开关即驾驶员指令开关，也称主控开关，一般是杆式开关，安装在转向柱上驾驶员容易操作的地方，如图 4-47 所示。大多数巡航控制开关有三个功能：设置/巡航(SET/COAST)、取消(CANCEL)和复位/加速(RES/ACC)。当开关处于不同位置时，电流由巡航控制电脑输出，经过不同阻值的电阻后搭铁，电脑根据不同的电压信号即可判定操作的开关位置。

图 4-47　巡航控制开关

当开关处于"设置/巡航"挡位时，只要一直按住按钮开关，就可完成车辆加速设置，当达到驾驶员要求的车速时，松开按钮车辆就可按照松开按钮时的车速保持行驶。当转换到"取消"挡时，即取消恒速行驶。"复位/加速"挡位用于制动或换挡断开电路后，使车辆重新按调定的速度行驶。

2. 车速传感器

车速传感器将检测到的车速信号传输给控制器，作为实际车速反馈信号，以便实现计算和检测完成定速行驶功能。

机械式仪表的车辆车速传感器与车速表驱动装置相连，如果车速表是电子式的，车速传感器输出的信号可直接作为控制器的反馈信号，而不必为巡航控制系统单设车速传感器，即可完成车速信号检测。

3. 加速踏板传感器

电子油门控制系统（electronic power control system）简称 EPC，由电子油门踏板模块、电子节气门、EPC 故障指示灯、发动机控制单元等部件组成。发动机在安装了电子油门控制系统后，才能真正实现排放控制、定速巡航控制、牵引力控制、电子稳定系统、最佳扭矩控制、最佳怠速控制等控制功能，使发动机和汽车其他控制系统（自动变速箱，制动系统）之间的协作更完美。

首先加速踏板的位置信号传递给发动机 ECU，ECU 综合当前发动机状态、冷却液温度等信息，计算出空气进气量的要求，通过控制节气门电动机使节气门阀片打开合适的角度，同时控制喷油量和点火角度，使发动机工作得到最佳的动力性、经济性和排放性能。

电子加速踏板模块由踏板总成、两组踏板位置传感器组成，如图 4-48 所示。发动机控制单元通过传感器提供的可靠信号，控制节气门的开度。

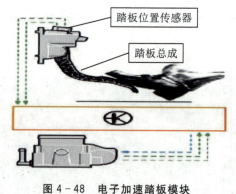

图 4-48　电子加速踏板模块

4. 执行器

执行器也称为伺服机构，作用是接受控制器的执行指令，完成对节气门开度的控制,使车辆完成加速、减速及定速行驶。

节气门一般采用步进电动机,因为它能将控制装置输出的数字信号转换为角位移动作。每输入一个脉冲,步进电动机就可驱动节气门转动一定量的角度,就可完成节气门开闭动作。在电子节气门体中还装有位置传感器,即一个滑动变阻器构成的一个电位计,用于检测执行器的转动位置,并将信号输入控制器中。

5. 控制器

控制器是系统的核心,作用是接受车速传感器、巡航控制开关、制动开关等信号,进行信号转换、计算处理,输出控制指令,驱动执行器动作。

4.5.1.5 自适应巡航控制系统工作原理

自适应巡航控制系统根据车间距传感器检测的信息,以及本车的车速传感器和横摆角速度传感器检测确定的本车行驶路线信息,来判断在本车的同一条车道上前方有无车辆行驶。车间距离传感器采用了微波雷达或距离雷达。

当同一条车道前方没有车辆时,像通常的巡航控制一样按照设定的车速行驶;当前方出现车辆时,以低于设定的车速行驶,控制本车与前方车辆的合理间距。

自适应巡航控制系统的四种典型功能(图 4-49):

(1)当前方无车辆时,ACC 车辆将处于普通的巡航驾驶状态,按照驾驶员设定的车速行驶,驾驶员只需要进行方向的控制(匀速控制)。

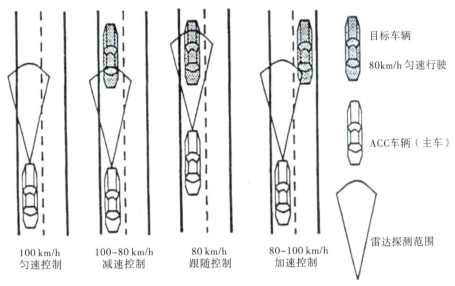

图 4-49 自适应巡航控制系统四种典型的功能

(2)当 ACC 车辆前方出现目标车辆时,如果目标车辆的速度小于 ACC 车辆,ACC 车辆将自动开始进行减速控制,确保两车的距离为所设定的安全距离。

(3) 当两车之间的距离等于安全车距后，采取跟随控制，即与目标车辆以相同的车速行驶。

(4) 当前方的目标车辆发生移线或主车移线行驶使得主车前方又无行驶车辆时，ACC 系统将对主车进行加速控制，使主车恢复至设定的行驶速度。

4.5.2 迈腾 B7 轿车转向柱组合开关(带定速巡航 GRA 开关)拆装

1. 拆卸

(1) 断开蓄电池。
(2) 拆卸转向盘。
(3) 拆下转向柱饰板。
(4) 拆卸转向柱电子装置控制单元。
(5) 拆卸安全气囊卷簧和带滑环的复位环。
(6) 拆卸转向角传感器的分段传感器。
(7) 旋出转向柱组合开关 E595 上部的两个螺栓(图 4-50 中箭头所指)。
(8) 从转向柱上向下拆下转向柱组合开关 E595，如图 4-50 所示。

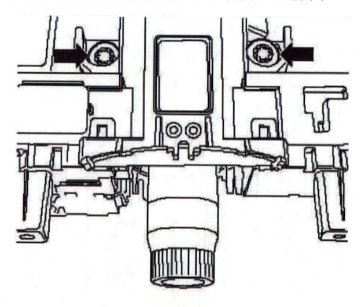

图 4-50 拆卸转向柱组合开关

2. 安装

(1) 安装大体以拆卸的倒序进行。
(2) 以规定的拧紧力矩拧上螺栓。

4.5.3 迈腾 B7 轿车加速踏板模块拆装

1. 拆卸

(1)旋下转向柱盖板的固定螺栓(图 4-51 中箭头所指),取下转向柱盖板。

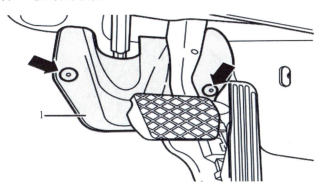

1—转向柱盖板。

图 4-51 拆卸转向柱盖板

(2)脱下电气插头。

(3)用一把螺丝刀撬出盖罩。

(4)拧出紧固螺栓。

(5)将送脱工具 T10238 推入规定开口中的极限位置,并将加速踏板模块取下,如图 4-52 所示。

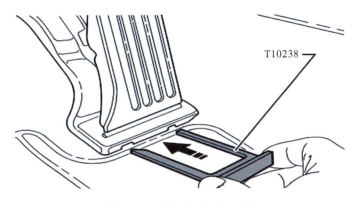

图 4-52 拆卸加速踏板模块

2. 安装

(1)将电气插头安装到加速踏板模块上。

(2)将加速踏板模按到紧固销钉上。

(3)将定位销装入汽车底板的孔中。

(4)用螺栓固定加速踏板模块,拧紧力矩为 10 N·m,并装上盖罩。

(5)重新装上转向柱盖板,如图 4-53 所示。

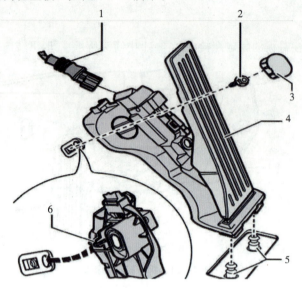

1—电气插头;2—螺栓;3—盖罩;
4—加速踏板模块;5—紧固销钉;6—定位销。

图 4-53 安装加速踏板模块

任务实施

1. 作业说明

某顾客进店维修自己驾驶的迈腾 B7 轿车,车主反映该车巡航系统无法工作,车速无法设定,经省级技能大师刘师傅综合诊断后,确定该车辆巡航控制系统存在故障,可能是巡航控制开关、车速传感器、电子控制器(ECU)、加速踏板模块损坏,需对车辆巡航控制系统进行检修。

2. 制订计划

序号	工具/设备	资料、信息化
1		
2		
3		
4		
5		

提示:请学员查阅维修资料后填写。

3. **任务实施**

任务：更换加速踏板模块	
工作步骤及注意事项	使用工具/设备

提示：请学员根据场地实际设备器材填写。

4. **作业流程**

(1)做好安全防护，清洁总成及工具。

(2)按照维修手册进行加速踏板模块的拆装。

(3)按要求填写工单。

5. 填写考核工单

一、查询并记录车辆及发动机系统信息			
车辆型号		生产日期	
发动机版本型号		行驶里程	
查询维修手册并记录			

二、拆装加速踏板模块步骤（拆卸后需向考官报备）	步骤页数

自我测试

(1) 简述巡航控制系统的优点。

(2) 简述巡航控制系统的使用方法。

(3) 简述迈腾 B7 轿车加速踏板模块的拆卸步骤。

拓展学习

高级驾驶辅助系统(ADAS)

高级驾驶辅助系统(advanced driving assistance system，ADAS)是利用安装在车上的各式各样传感器(毫米波雷达、激光雷达、单/双目摄像头及卫星导航)，在汽车行驶过程中随时感应周围的环境，收集数据，进行静态、动态物体的辨识、侦测与追踪，并结合导航地图数据，进行系统的运算与分析，从而预先让驾驶者察觉到可能发生的危险，有效增加汽车驾驶的舒适性和安全性。

近年来ADAS市场增长迅速，以前这类系统主要用于高端市场，而现在正在进入中端市场，经过改进的新型传感器技术也为该系统的应用创造新的机会与策略。

早期的ADAS技术主要以被动式报警为主，当车辆检测到潜在危险时，会发出警报提醒驾车者注意异常的车辆或道路情况。而如今ADAS技术的主动式干预很常见。汽车高级辅助驾驶系统通常包括车道偏离预警系统LDWS、车道保持系统LKS、自适应巡航系统ACC、前碰撞预防系统FCW、自动泊车系统APA、盲点监测系统BSD、驾驶员疲劳预警系统DFM、自适应灯光控制ALC、自动紧急制动AEB、夜视系统NVD等。除此之外，还包括行人保护系统、电子警察系统ISA、导航与实时交通系统TMC、交通标志识别、下坡控制系统、电动汽车报警系统等。

参考文献

[1] 王春风,李超,韩仕军. 汽车底盘构造与维修一体化教材[M]. 上海:同济大学出版社,2018.
[2] 李琼. 汽车车身电控系统检测与修复[M]. 东营:中国石油大学出版社,2017.
[3] 王志新. 汽车使用与维护.[M]. 成都:西南交通大学出版社,2016.
[4] 王小娟,赵磊. 汽车底盘构造与维修[M]. 长春:东北师范大学出版社,2015.
[5] 张莉莉,姜继文. 汽车底盘构造与维修[M]. 北京:北京邮电大学出版社,2014.
[6] 黄华,王文涛. 汽车底盘机械系统构造与检修[M]. 镇江:江苏大学出版社,2014.
[7] 王恒,宁纪成. 汽车安全与舒适系统故障诊断与维修[M]. 北京:中国三峡出版社,2013.
[8] 周林福. 汽车底盘构造与维修(第三版)[M]. 北京:人民交通出版社,2014.
[9] 刘桂光,车志. 汽车底盘构造与维修[M]. 西安:西安交通大学出版社,2014.
[10] 刘映凯,贾志涛. 汽车底盘电控原理与维修实务[M]. 北京:北京大学出版社,2012
[11] 顾磊. 新能源汽车制动系统常见故障分析[J]. 农机使用与维修,2022(9):112-114.
[12] 唐峰. 汽车四轮定位检测维修技术探究[J]. 黑龙江交通科技,2017(5):115-159.
[13] 王中,王诺萌. 汽车轮胎气压自动调节系统的研究[J]. 液压气动与密封,2006(2):17-18.
[14] 李品. 汽车制动主缸活塞部件拧紧机研制[D]. 长春:长春理工大学,2020.
[15] 俞康. 浅谈汽车制动器的发展趋势[J]. 南方农机,2021,52(24):196-198.
[16] 汪海洪. 汽车防抱死制动系统控制技术研究[J]. 时代汽车,2020(3):90-91.
[17] 王增辉,黄俍. 汽车盘式制动器MPU现象研究[J]. 汽车零部件,2020(8):101-105.
[18] 栾军超,刘灿昌,张鑫越,等. 基于三维模糊控制的车辆自适应巡航间距策略[J]. 科学技术与工程,2022,22(14):5906-5913.
[19] 周伟东,张洪滨,申明主,等. 汽车转向球头销润滑脂流变特性研究[J]. 合成润滑材料,2021,48(3):26-29.
[20] 严新磊. 汽车转向系统操纵稳定性评价[J]. 汽车实用技术,2020,45(20):102-103.
[21] 韩艺斐,齐浩男,王金来,等. 汽车转向系统发展史及未来展望[J]. 时代汽车,2019(11):97-98.